CELESTE BELLO

ENTRE LETRAS & CENIZAS

PRIMERA EDICIÓN
Marzo, 2023.
EE.UU.

ISBN
979-8-9871744-5-6

@paquidermolibros
paquidermolibros@gmail.com

AUTORA
Celeste Bello

EDITORA EN JEFE
Andrea Vivas Ross

DIRECTORA DE ARTE
Raquel Colmenares Ross

DISEÑO GRÁFICO
Eylin Serrano

CORRECCIÓN DE TEXTO
Andrea Vivas Ross

ASISTENCIA DE CORRECCIÓN
Victoria Ortega
Iván Chacín

FOTOGRAFÍA DE PORTADA
Kübra @ruheneva

RESERVADOS TODOS LOS DERECHOS. PROHIBIDA LA REPRODUCCIÓN PARCIAL O TOTAL DE LA OBRA SIN PERMISO ESCRITO DEL AUTOR Y LA EDITORIAL.

CELESTE BELLO

ENTRE & LETRAS CENIZAS

A las tres divinas personas
y al ente desconocido
que me dicta lo que escribo.

INTRODUCCIÓN

Me diste un don

Me diste un don, mi Dios, y no lo supe aprovechar. Te pido perdón porque me subestimé al haberme comparado con otros escritores. Sí, ahora lo comprendo, cada quien es diferente al otro. En esta cadena interminable de la vida que no llegamos nunca a entender los porqué, mi corazón me lo pedía y yo, de vez en cuando, lo hacía. Me sentaba a escribir las cosas cotidianas de la vida y me sentía relajada. Ahora lo comprendo, era el don que tú me habías regalado, que yo descubrí desde muy temprano. Solo tenía catorce años cuando escribí mi primer poema. Nadie me enseñó cómo hacerlo. Tomé un lápiz y un cuaderno, y en ese momento desahogué mi profunda inquietud de adolescente. Y aunque tuve dos hijos siendo menor de edad, quedaba espacio en mis pensamientos para soñar con las cosas bellas. Es triste cuánto, quizá, tardé; sin embargo, nunca es demasiado tarde para lograr nuestros anhelos.

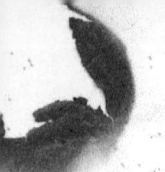

Esa paz interior que sientes cuando haces lo que nace de lo más profundo de tu ser, y celebras lo que queda de tus **cenizas como el ave fénix**.

Cuántas veces sentía ganas de escribir y me reprimía, no quería hacerlo porque hay muchos escritores famosos y decía para mis adentros: «¿a quién le va a interesar esas locuras que escribo?», «no he estudiado una profesión, soy bachiller a duras penas, escribo poemas y no sé de métodos básicos para escribir porque jamás he sido capaz de buscar en los libros la técnica para hacerlo». Pero ahora me doy cuenta de que Dios me regaló un don y yo no le di valor. Tengo tiempo de sobra para escribir. Espero, en esta nueva etapa, después de haber pasado un susto que casi me cuesta la existencia, hacer honor al don que Dios me dio y seguir contando anécdotas de la vida.

ABISMO

Sigo sin comprender la agonía de querer saberlo todo y nada sé.

Sigo sin comprender el porqué de las cosas.

Sigo pidiendo, cada día, aprobación divina.

Y sigo en el abismo confuso de la vida.

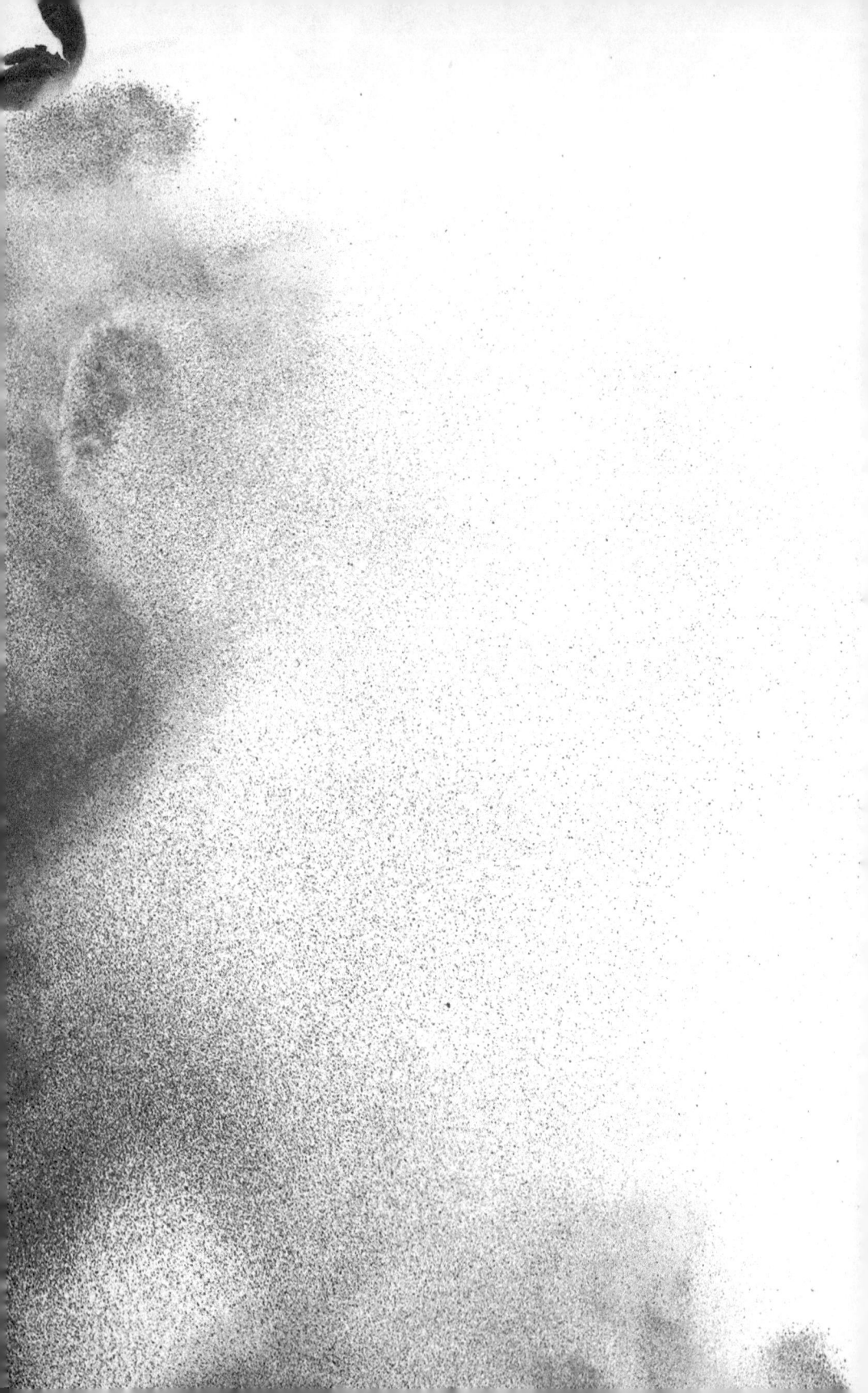

ADOLESCENTE

En los días de mis años cincuenta,
un amor aparece en mi vida,
convirtiendo madurez con adolescencia,
confundiendo **dolor** con alegría.
Alejada de la multitud, reflexiono y no llego a nada,
como ave serena que en su vuelo busca
y no encuentra llegada.

Queriendo crecer a mi lado, por caminos duros transita
y su juventud me da el **ardor** que mi vida necesita.
Otro día de amor azulado, otra historia de amor
incomprendida por personas que pasan por la vida
vegetando en el vaivén de sus días.

Ilusión de vivir el momento, que tan pronto se lleva
el tiempo y es tan corta mi estadía en la tierra
que no sé si mañana brillará mi estrella.

Vivir compartiendo energías,

intercambio de amor desigual;

me encantan sus locuras

y le admiro su forma de actuar.

Fuerte, decidido y arriesgado,

todo por estar a mi lado.

Con su fuerza interior me mantengo,

viviré este momento en la corta carrera del tiempo.

ALAS DE LIBERTAD

Dulce experiencia de los sentires
como alas de libertad volando por el Universo.
Como el cóndor que pasa y deja su estela de
poder, así debería ser la incomprensible misión
que nos ataña.

Con alas de libertad, con la pasión brillando como el
sol y sus destellos.

Caminos largos y cortos, veredas alternas con
las alas abiertas, siempre buscando lo que no
encuentras.

Y en el vaivén del tiempo desvanecido,
he recorrido caminos escudriñando a mi paso.

Y en un zarpazo, con las alas abiertas,
se me fue la vida
y no me di cuenta porque estaba distraída.

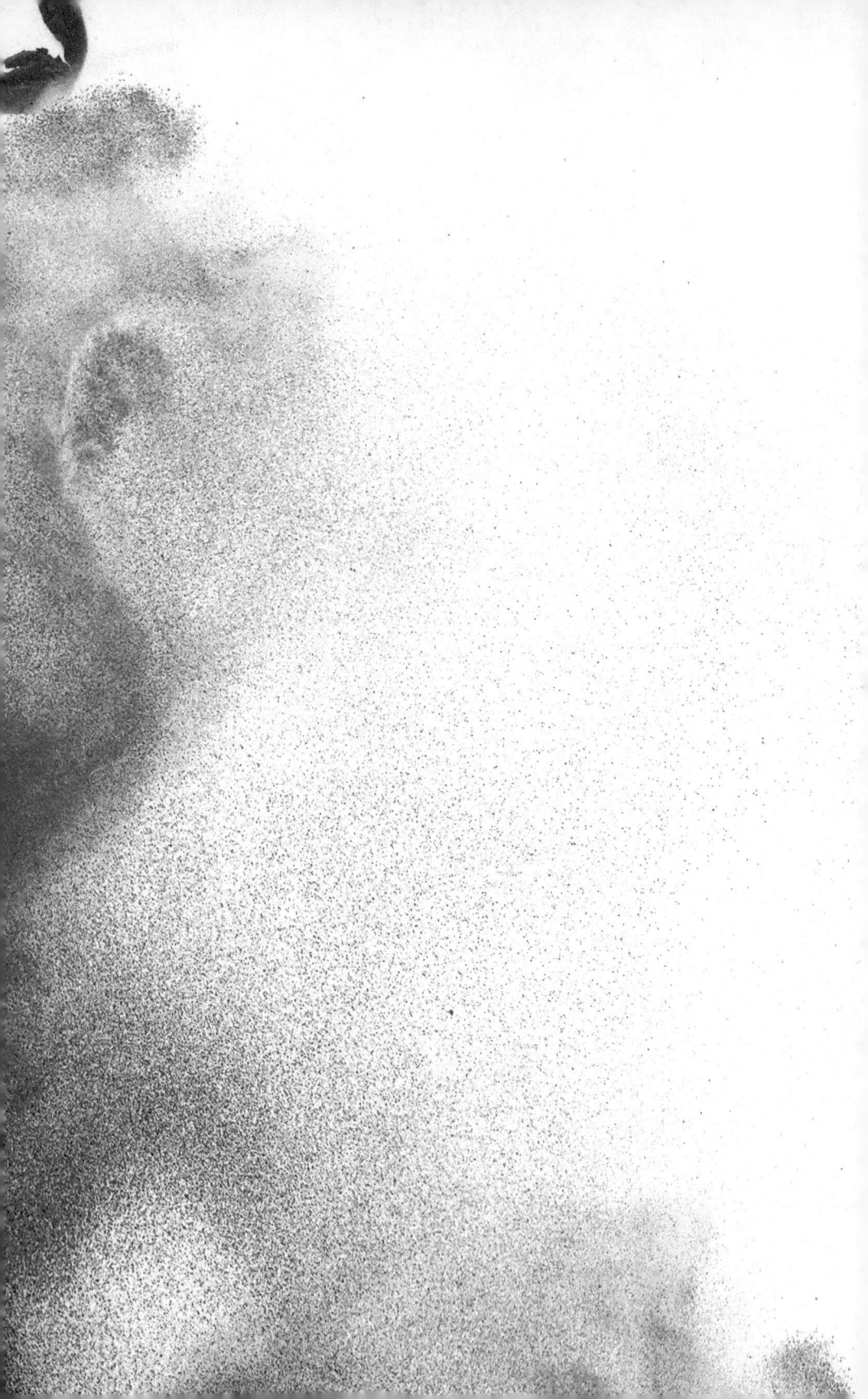

ALUCINANDO EN MI MENTE

Alucinando en mi mente,

acaricio tu cuerpo esbelto muy lentamente.

Te doy un largo **beso**, me quedo sin aliento y le

pido a Dios se haga realidad ese deseo.

Me imagino sobre ti, besando tus ojos

y llena de antojos te pido mil cosas

que tú complaces con amor, y yo me desvelo.

Cuando ya estoy complacida, mis ojos te miran

y te doy las gracias.

Te abrazo fuertemente y te beso como loca.

Te pido se repita ese momento hermoso

cada vez que mi cuerpo por ti tenga **antojo**.

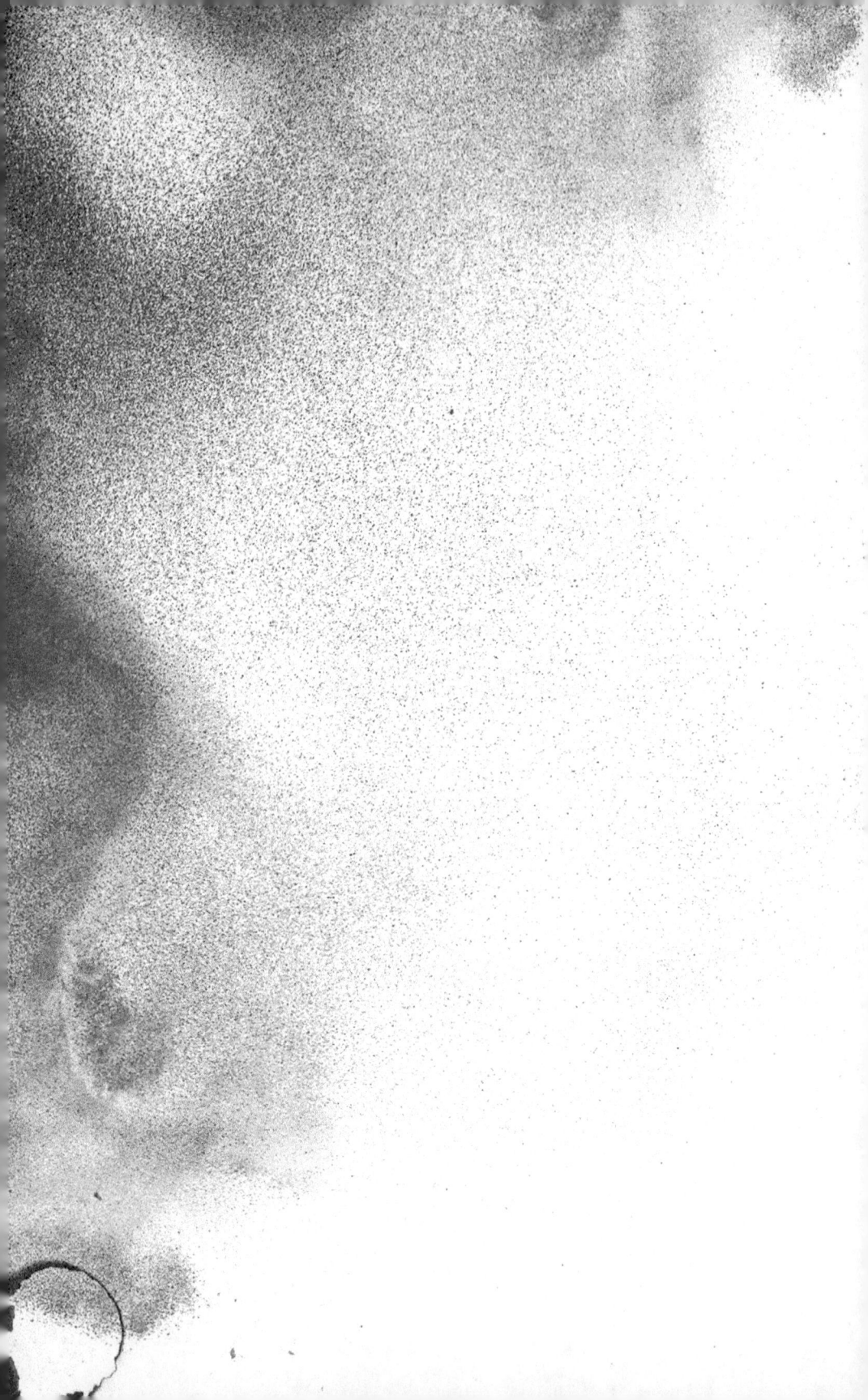

AMOR MÍO

¡Oh, amor mío, de nuevo te alojaste

en mis pensamientos!

¿Cuánto tiempo había pasado desde que no

ocupabas tu puesto?

Seguramente un segundo **veloz**,

que me detuve a pensar

en la dulzura de tu voz.

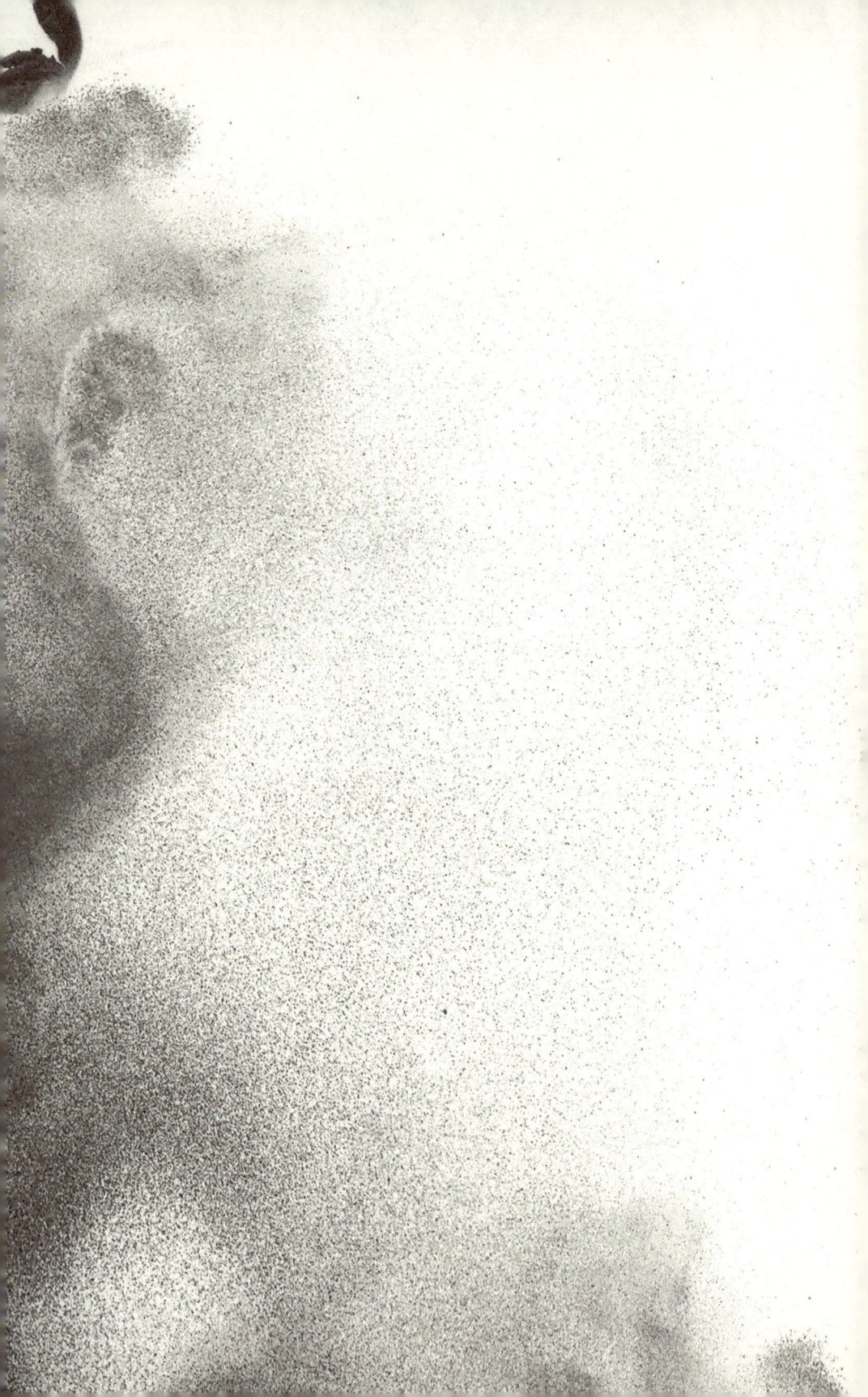

AMOR VIRTUAL

Al llegar la tarde, cavilando y pensando,
llegué a la conclusión de que si tanto te he buscado
y ha sido en vano, seguiría navegando.

La página se abrió ante mis ojos,
comencé a rellenar los espacios.
Hice un resumen de mi personalidad,
creé mi perfil para llamar tu atención
con mi foto.

«Hola hermosa, ¿qué andas buscando?»,
fueron tus primeras palabras.
Busqué inmediatamente tu perfil,
se parece bastante al de mi amado...
inventado.

Hace dos noches que espero el momento
para escribirte porque estás muy lejos;
cuando tú te levantas, yo estoy durmiendo.

Recibí tu ramo de flores virtual

esta mañana.

Las he visto varias veces

con los ojos del alma.

Estás en China, continuaré navegando.

Ahora internet es mi aliado.

ANGUSTIA

¿Por qué vivo con tantas ganas de amar?

Es increíble, nadie me puede llenar.

Soy **distinta** a los demás,

y no me explico por qué.

Quiero alcanzar las estrellas y no sé para qué.

¿Dónde está mi alma **gemela**?

Esa que tanto se anhela.

Debe estar igual que yo,

en algún lugar del mundo,

esperando mi llegada;

desesperado;

moribundo.

Ahhh... si pudiera encontrarlo

en una noche estrellada,

contaría las estrellas

en sus brazos extasiada.

Pero el momento no llega,

pasan y pasan las noches, y lo pienso, lo deseo

y no quiero más reproches.

AQUÍ ESTOY DE NUEVO

Aquí estoy de nuevo,

elucubrando sobre

las paradojas de la vida.

La atracción no es amor;

quiero encontrar el equilibrio entre ser **amada** y

ser **deseada**;

la energía sexual abunda más que la energía de amar.

Todo comienza con el deseo de poseer.

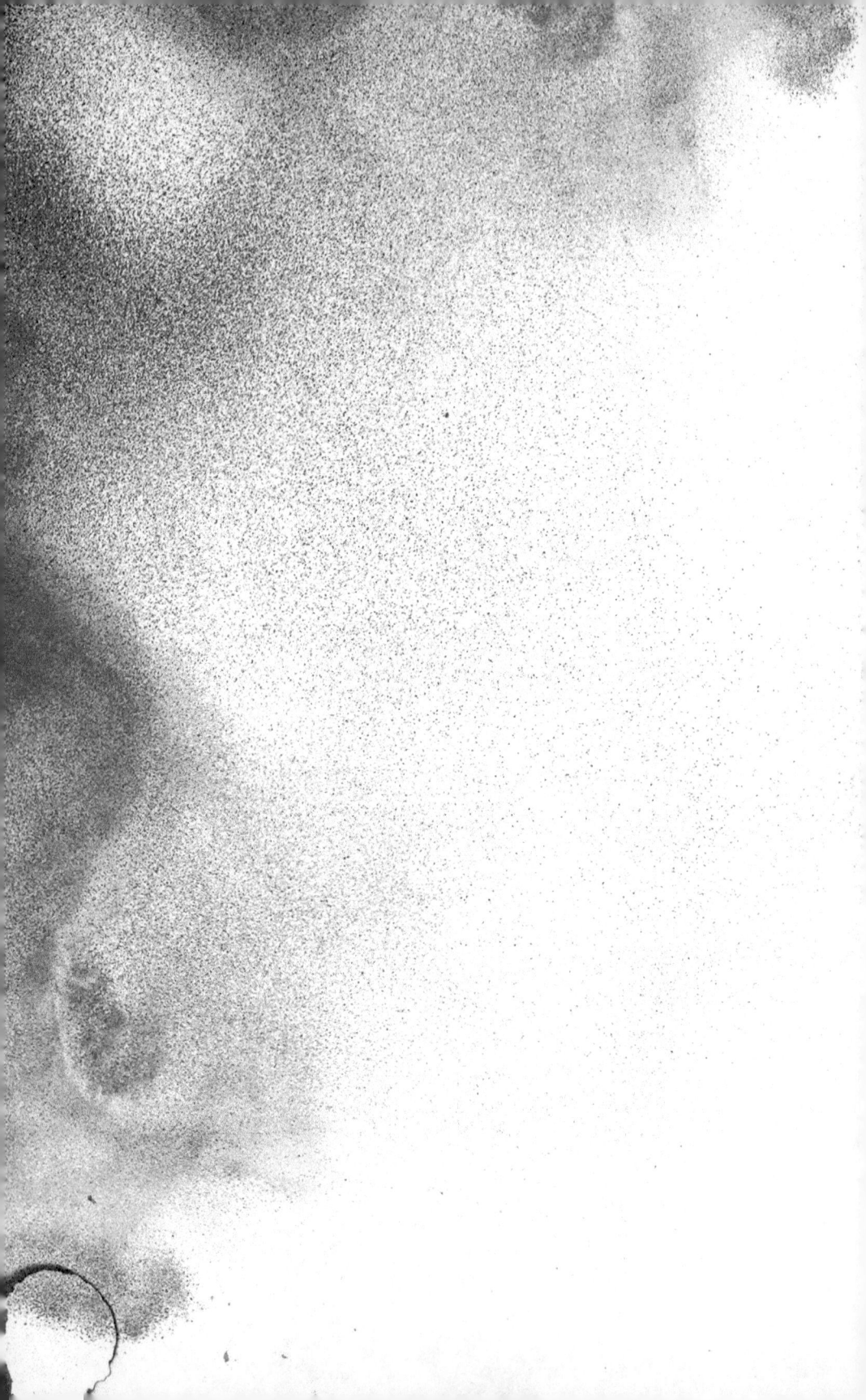

ARMONÍA

La armonía que busco está

en mi propio Universo.

Debe venir del cielo o del subsuelo;

tal vez de la energía inquieta

que me mantiene deseando profundas experiencias.

ATARDECER

Atardecer con esta lluvia implacable
que me aturde muy amable,
los relámpagos y truenos encandilan mi visión;
voy por el eterno perdón.

Siento un aroma no sé de qué,
se confunden mis sentidos de tanto oler.

Lluvia sonora, cada gota parece una persona
con su mundo enloquecido.

Observo las **tinieblas**, vivo y vivo, Dios mío,
pido perdón a **gritos**.

Alma, aprovecha que hay lluvia, lava tu impúdica
mente depravada, pide perdón aunque ya estés
pagando con tu vida encarcelada.

Oscureció, pero para mi alma arrepentida

todavía quedan unas cuantas horas de esperanza,

no veo el milagro de tantas cosas soñadas;

quizá mañana...

Sí, seguro será mañana.

AYER

Ayer, en las largas horas del domingo,
entre escoba y platos,
danzando por la casa,
mi corazón quedó hecho **pedazos**.

Quizás, en una vida pasada, fuimos esposos,
yo no recuerdo nada.

Quiero tenerte ahora,
aquí en la tierra mi amor te añora.
Siempre en mi mente el deseo de tenerte,
estás en mi vida a cada instante;
mi cuerpo se posa en el tuyo,
quiero ser tu **amante**.

Siento que duermes conmigo,
tu cuerpo de héroe a mi lado,
entre sábanas los dos rendidos,
al final estamos cansados.

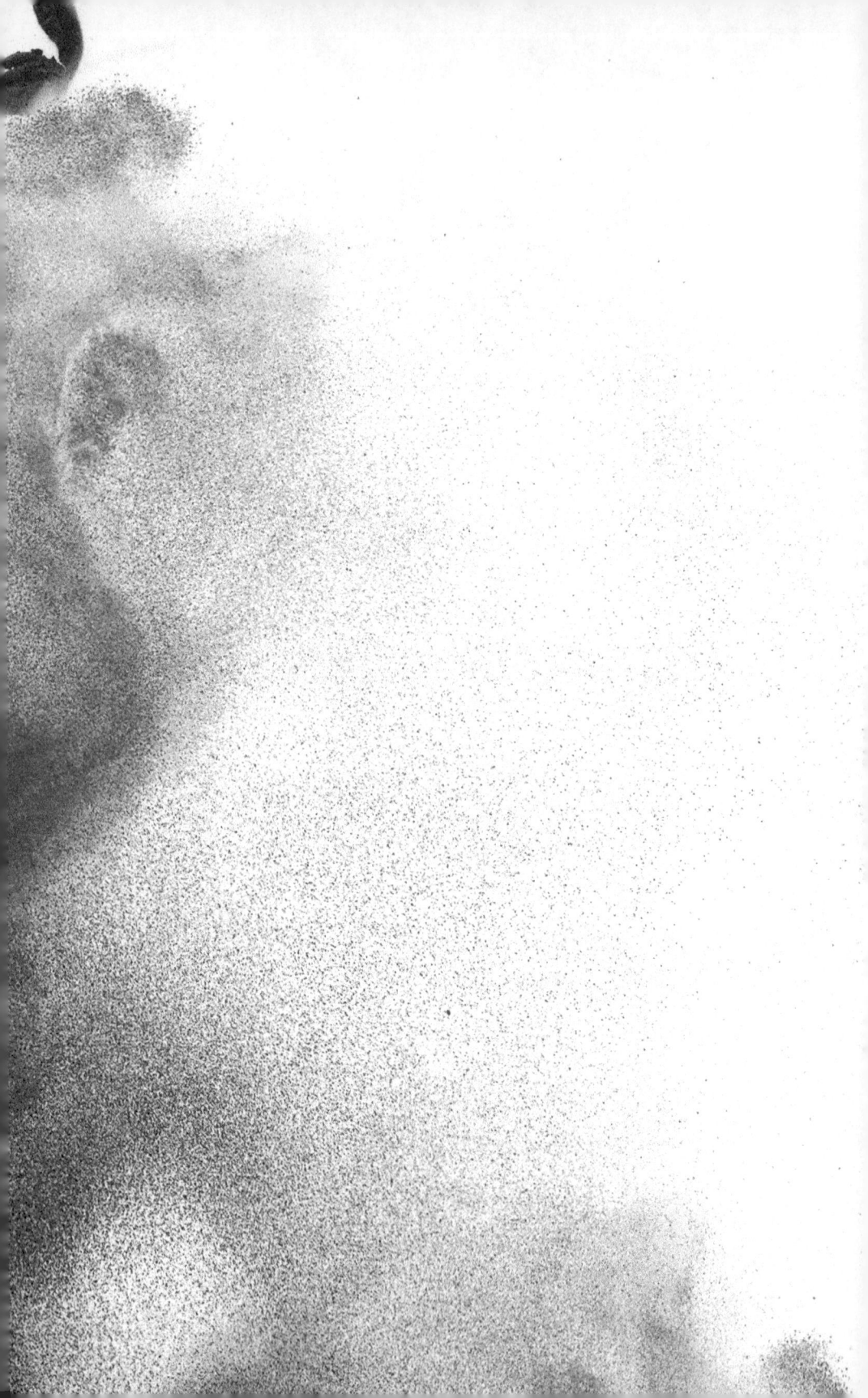

BREVE

Breves los momentos,

años en el tiempo,

intenso como los versos

que te escribo,

así eres tú,

amor mío.

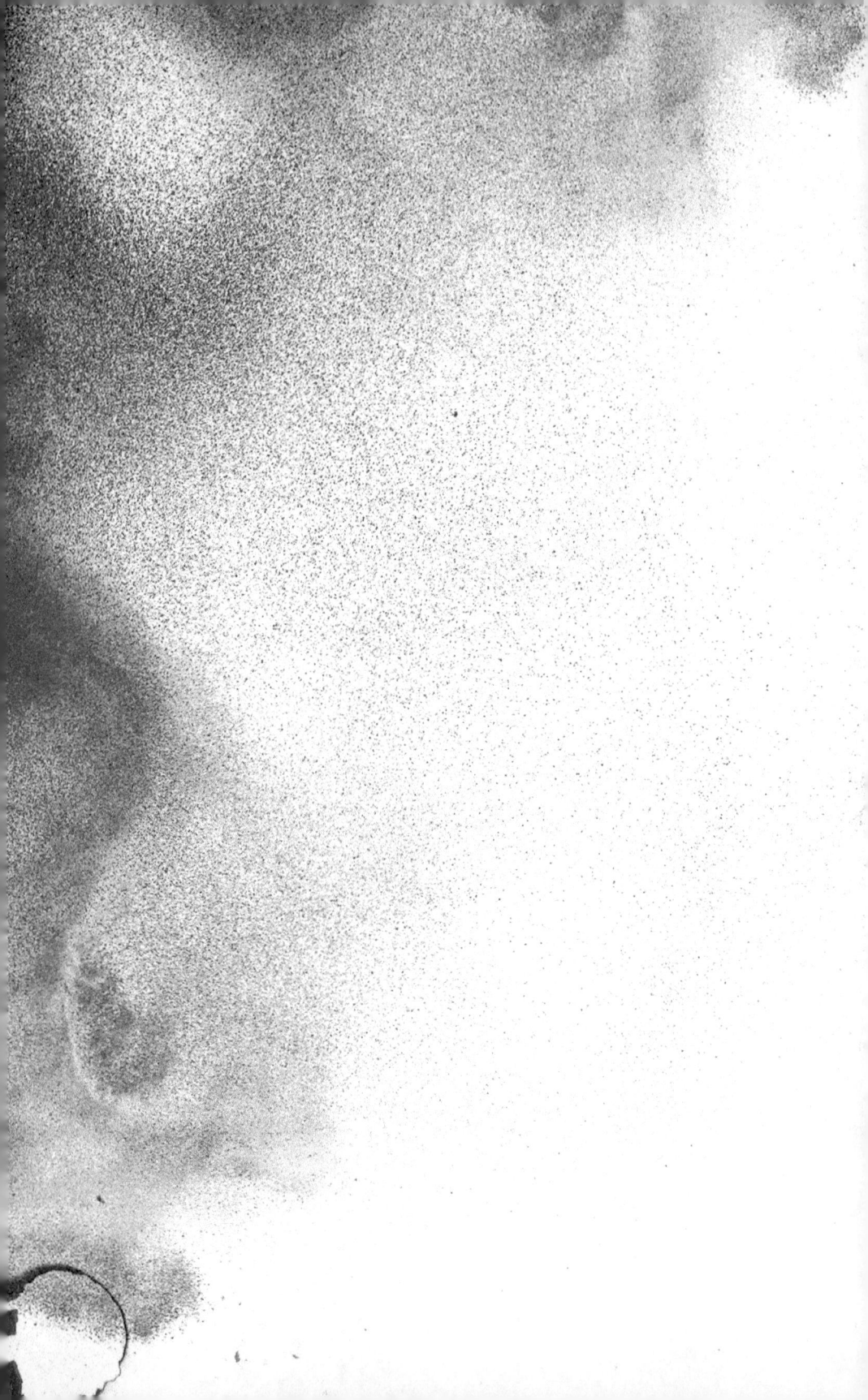

BUSCANDO SIEMPRE

Alrededor de este mundo inmenso, con tanta incertidumbre, llevo mi vida hacia una cumbre.

Risueña, con la mirada puesta en el infinito, vuelo como las golondrinas, dejando al pasar mi vida.

Cuando en fracciones de segundos concuerdo con alguien, me entrego plenamente y me quedo sin aire. Como una antorcha encendida, me quedo parada en la tierra, dando vueltas con ella.

Y de tanto andar sin cesar por los caminos, busco el sendero que me está esperando.

Siempre anhelando hallar un tesoro escondido, ¿dónde estará, Dios mío?
Cuando mis ojos brillando lo encuentren, despertaré de ese estado onírico en el que estaba.

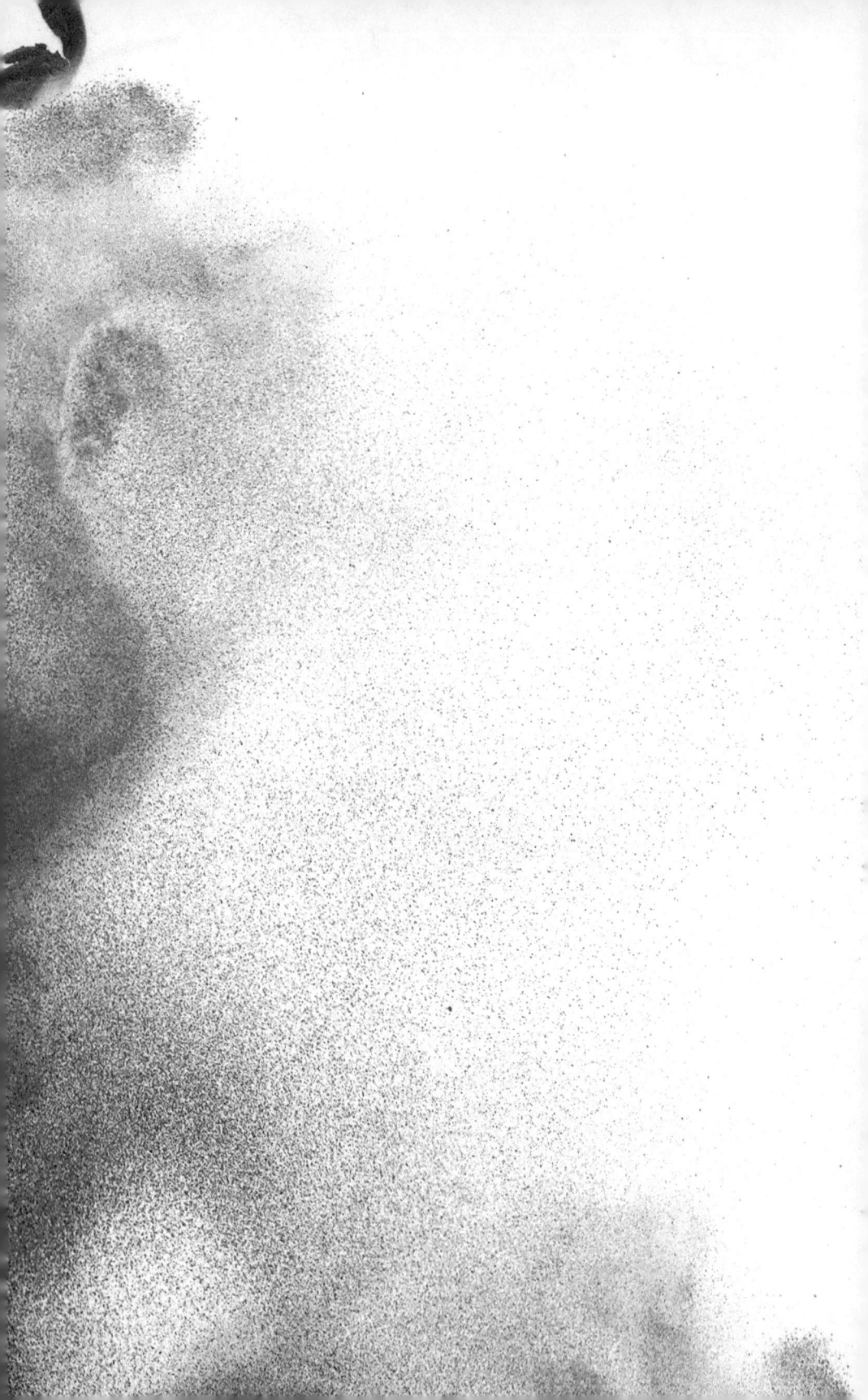

CAOS

Sin orden ni equilibrio,

flotando siempre en la nada, tratando de ordenar el caos.

Alucinaciones vanas,

instaladas en lo profundo de mi esfera,

tratando de ordenar el caos.

Infinito es lo profundo,

ya se acerca la noche, oscuro es el insomnio,

tratando de ordenar el caos.

Laberinto por doquier que voy pasando,

esperanzas interminables, vanas,

tratando de descifrar el caos.

Es de noche, el sueño obligado está rondando;

todo alrededor es constante, me dormiré,

quizá tenga un sueño de esos que tú sabes.

Oscureció, estaba previsto, todos los días pasa;

el Universo no para y yo le sigo los pasos.

Es la rutina eterna de la vida y de la nada.

Anoche hubo tormenta con truenos, rayos y nubes negras. Todo estaba oscuro, me dormí temprano y tuve sueños obligados.

La noche y la penumbra se dan la mano;
oscura es la noche, eso está claro.

Más allá del infinito Universo
me estará esperando el caos.
Llegó de nuevo la noche,
con su eterno laberinto,
tengo que dormir,
es ley que me impone el Ser Supremo.

Cuando no concilio el sueño, y me adentro en el insomnio, tengo que soñar despierta una maraña de cosas y todo parece eterno.

Al llegar la noche, todos estamos durmiendo,

hay un silencio con sonido,

se desvanecen las ilusiones

que, con afán, en el día construimos.

Instrumentos somos de un Universo paciente,

si nos miramos por dentro

tratando de aliviar el argumento.

Cuando llega la noche con su oscuro novilunio,

nos dormimos doblegados

tratando de ordenar el caos.

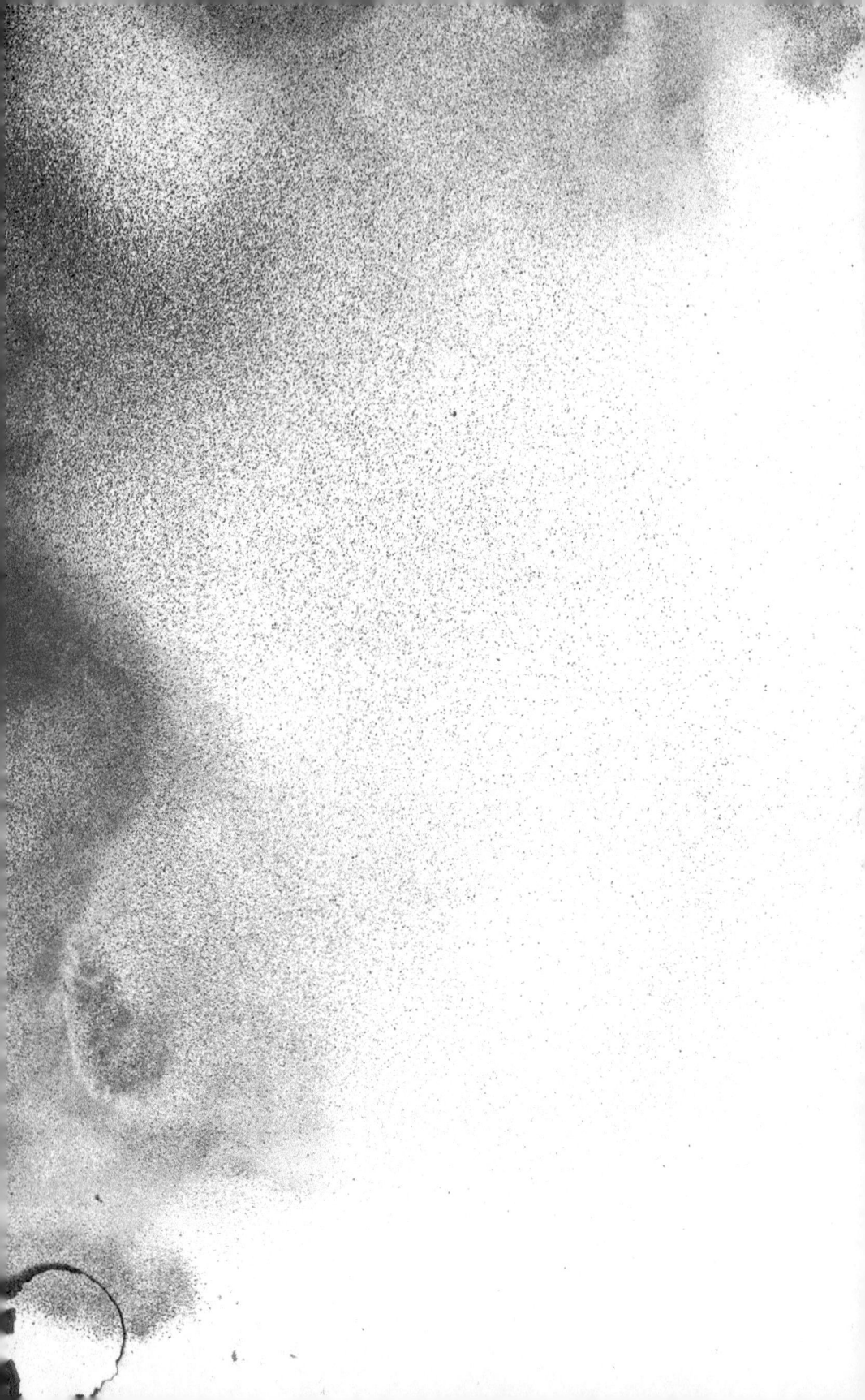

CIENCIA Y DIOS

Ya sé que estudiaste mucho,
que infinidad de libros leíste.

Aprendiste muchas cosas que en tu mente alojaste,
pero el amor de Dios, ¿dónde lo dejaste?
Fuiste una científica brillante, sabías mucho de
anatomía, con rayos X muchos diagnósticos hiciste,
pero ¿dónde metiste el amor?
El amor del cual te hablo es el que viene de Dios;
nunca lo tomaste en cuenta, nunca escuchaste su voz.
Me enseñaste literatura, de músicos me hablaste,
pero a Dios nunca me lo nombraste.

Recorriste el mundo, eras culta y elegante,
pero de Dios jamás te acordaste.

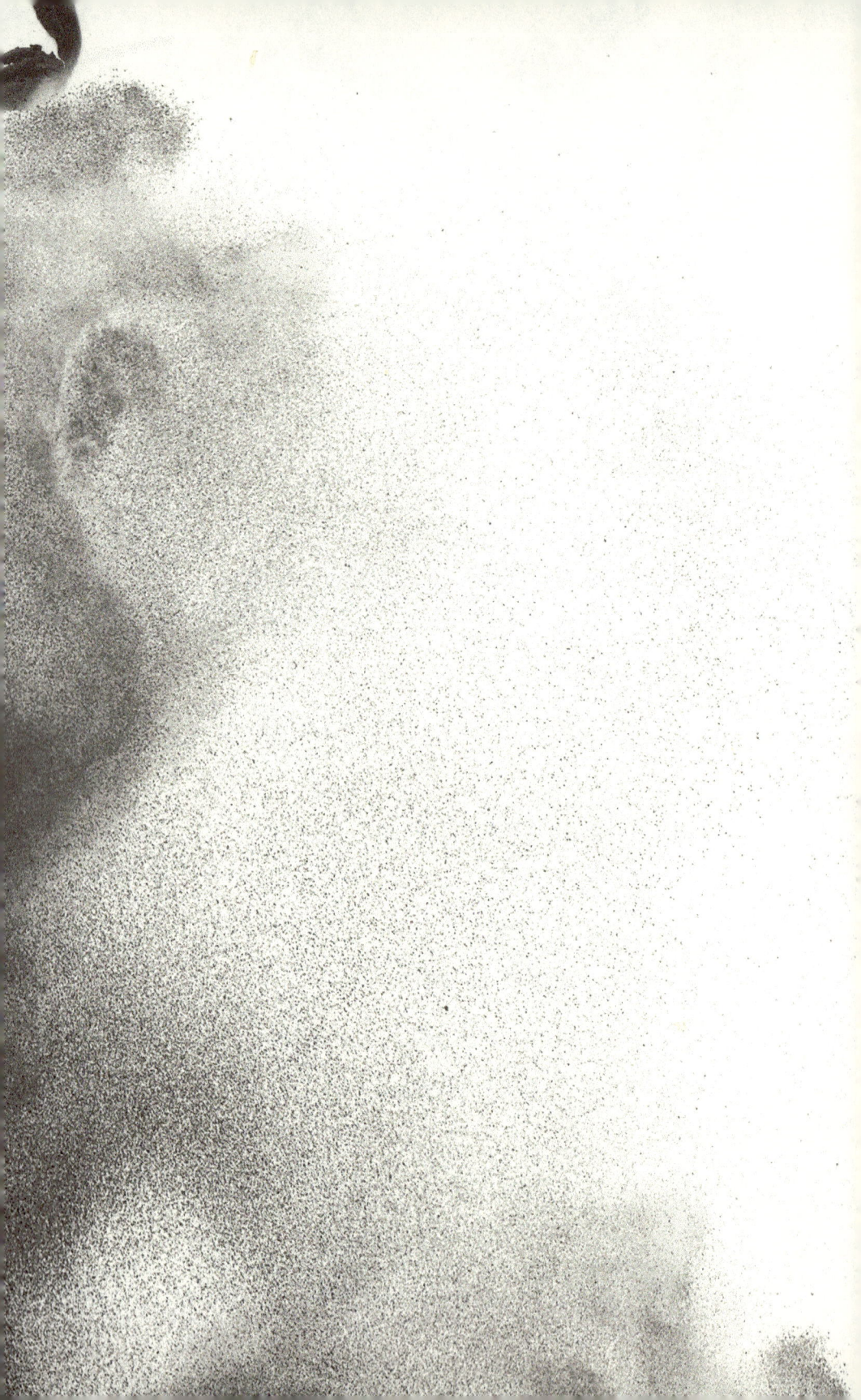

CODICIA HUMANA

Incertidumbre... codicia humana.
Angustia por definir el futuro.
Altilocuencia que no se acaba,
cual misterio de la vida misma.

Quiero saberlo todo,
pero el todo es básicamente nada;
sigo descifrando
la elocuencia elevada.

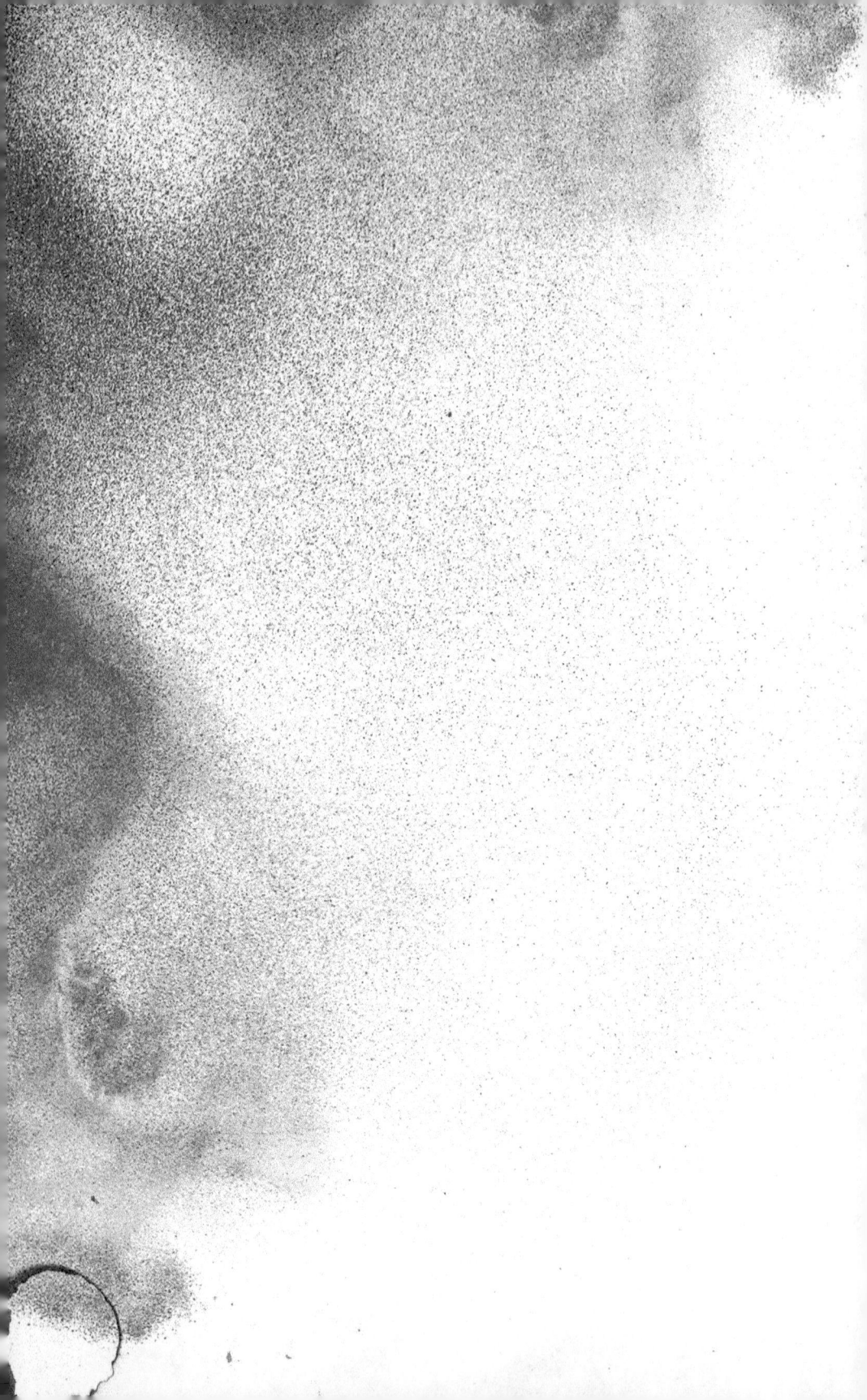

COMO EL PINTOR QUE AMA SU LIENZO

Como el pintor que ama su lienzo,
con mi dibujo en blanco y negro,
lanzo pinceladas en la tela de la vida a ratos.
¿Quién soy?, ¿quién eres? Estás en mi retrato.

Es solo un dibujo desanimado,
no tiene flores, no hay colores;
son puntos en el lienzo con forma de arabescos,
descifrando lo que siento.

Está oscureciendo, no te veo en el lienzo.
Si observas bien mi obra, encontrarás un destello.

Abre bien los ojos, estoy acostada en el suelo,
acércate un poco, o mejor de lejos.

Es una figura de mujer, está gris, es cierto.
Mírame bien, estoy entre **borrones**, lo lamento.

Creo que pintaré otro en azul *intenso*;
quizá si tuviese color, me verías en el lienzo.

CONSUELO

Vislumbro un *no sé qué*.

Fuera de sí, mi corazón se endurece

de tanto latir.

Ingenuo, creía que hoy vería

realizado su sueño.

Llegó la noche

y solo sintió consuelo.

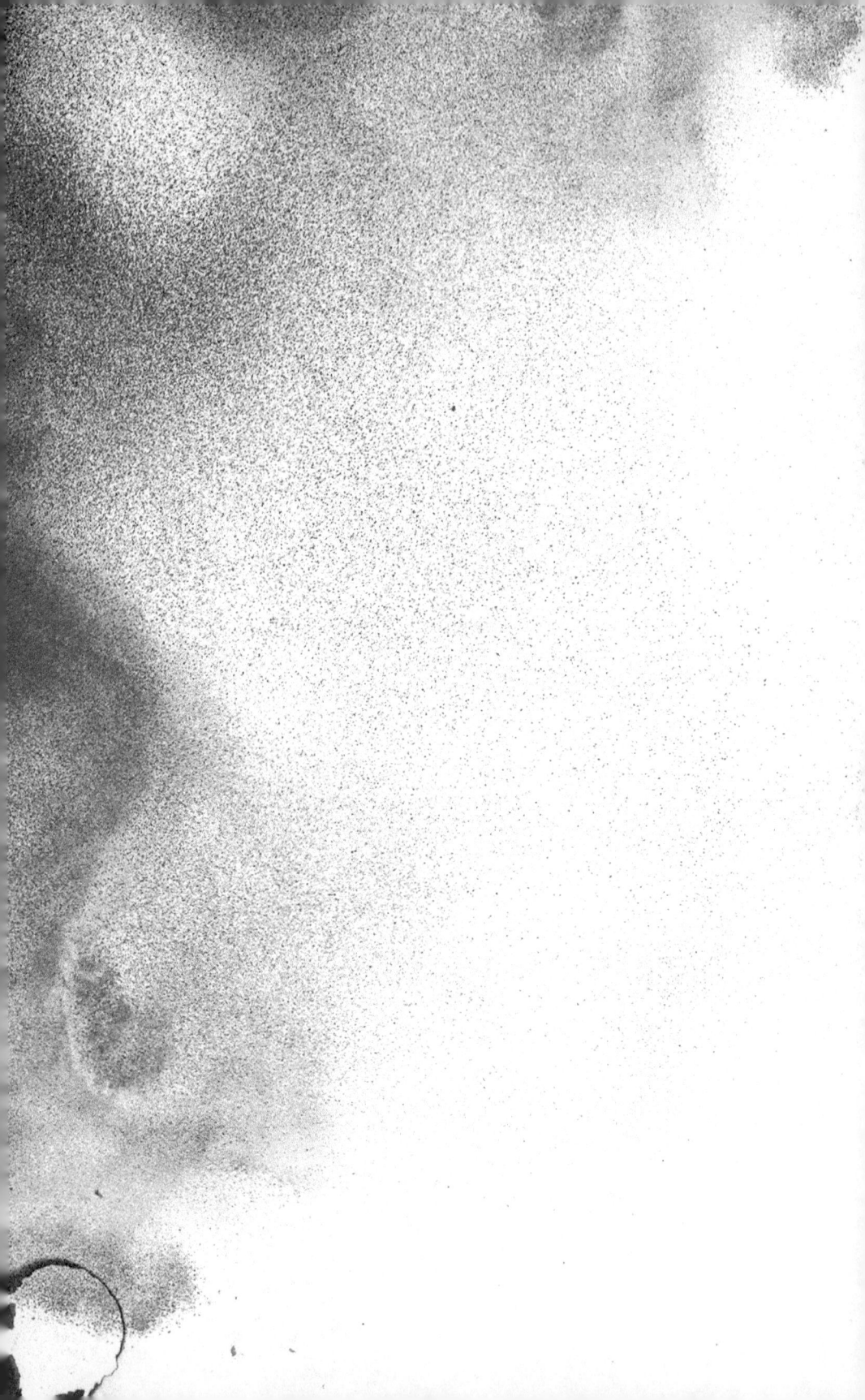

CONTRASENTIDO

Mi mente está latente en mi piel;

recuerdos dispersos en mi memoria

titilan intermitentes y tú no desapareces.

Mi álter ego late en mi corazón y, como siempre,

el contrasentido permanece.

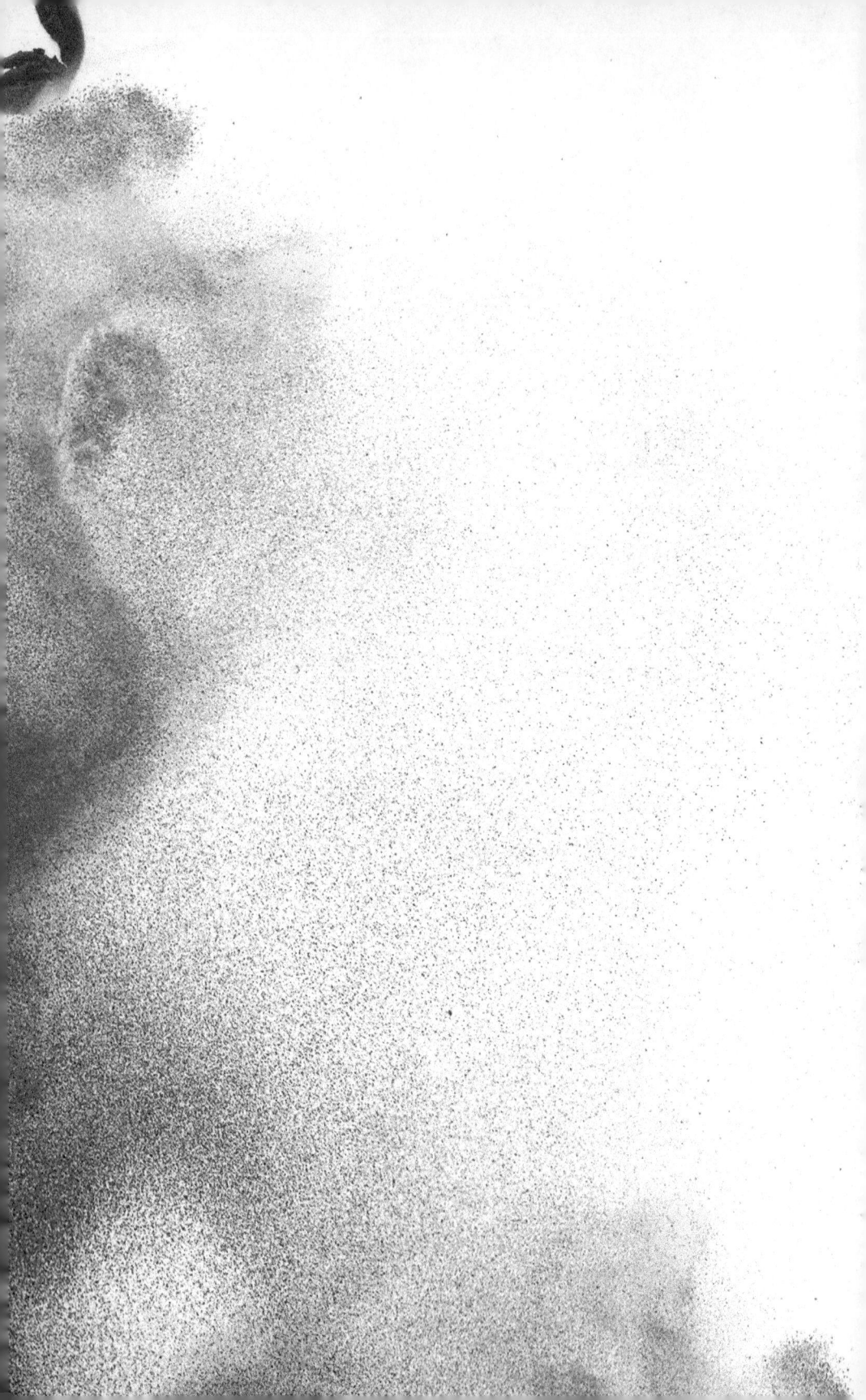

CORAZONADA

Hoy, en este nuevo amanecer, algo espero
que viene del cielo, de ese azul claro que veo.

Ya no hay tormenta, toda luz es brillante
como la mirada que imagino debe tener el Dios en el
que creo.

Hoy de nuevo, en sus brazos imaginarios,
me entrego.

Espero lo que quizá no sea mi verdad entrelazada.

Quiero tener la razón de mi **corazonada**,
pero qué va, solo son latidos al unísono del tiempo.
Dios dibujado en los lienzos.

Quien inventó tu rostro,
lo hizo bello, imagino porque somos el reflejo.

Al humano no le gusta lo *feo*,
porque hermoso es el sol, pero si fijo en él la mirada,
seré igual a un ciego.

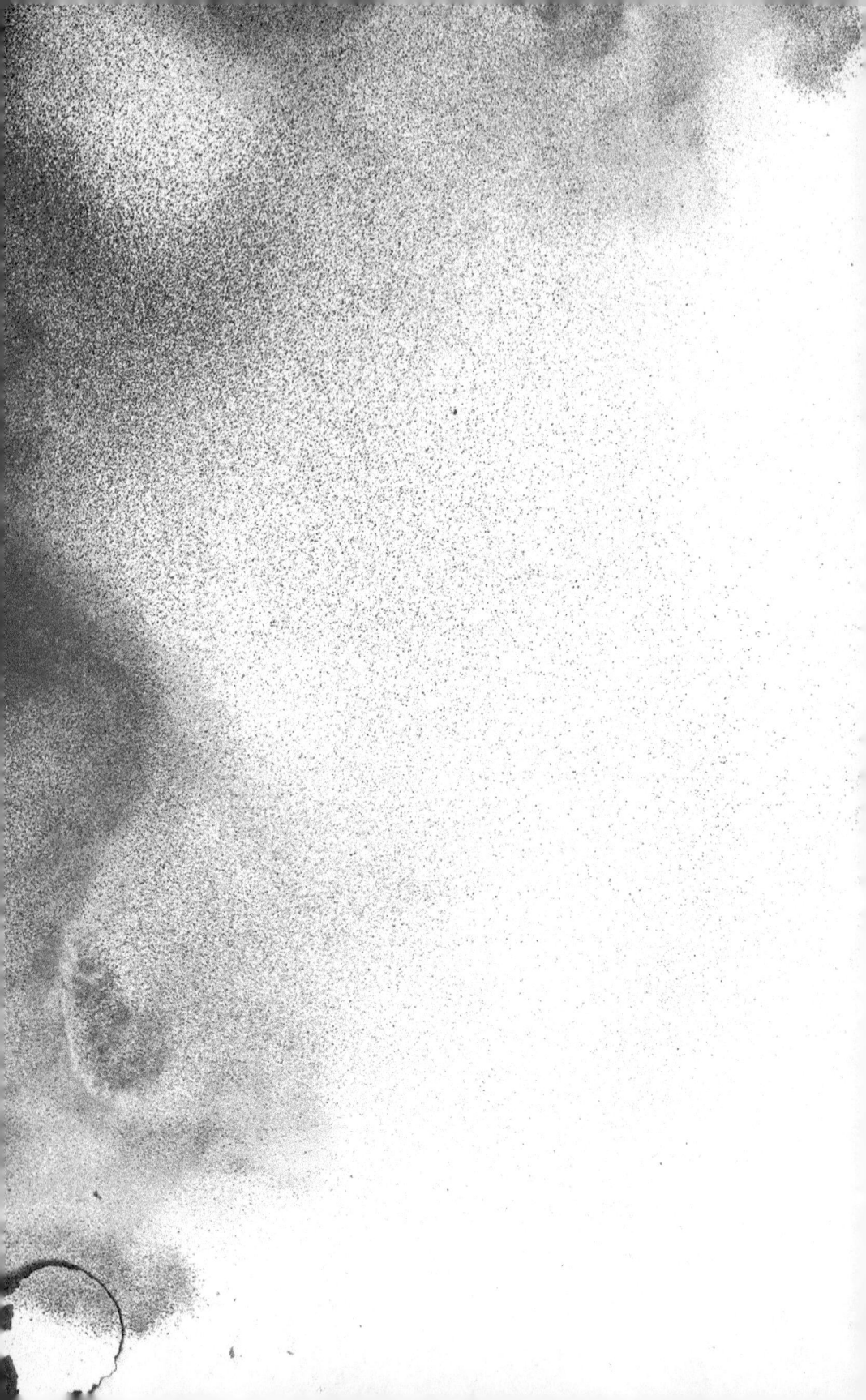

CORROE

Hoy la incertidumbre corroe

el sinfín de preguntas.

Cuánto daría por la respuesta imaginada

que me dejara **abismada** entre la armadura

de mis pensamientos entretejidos de dudas.

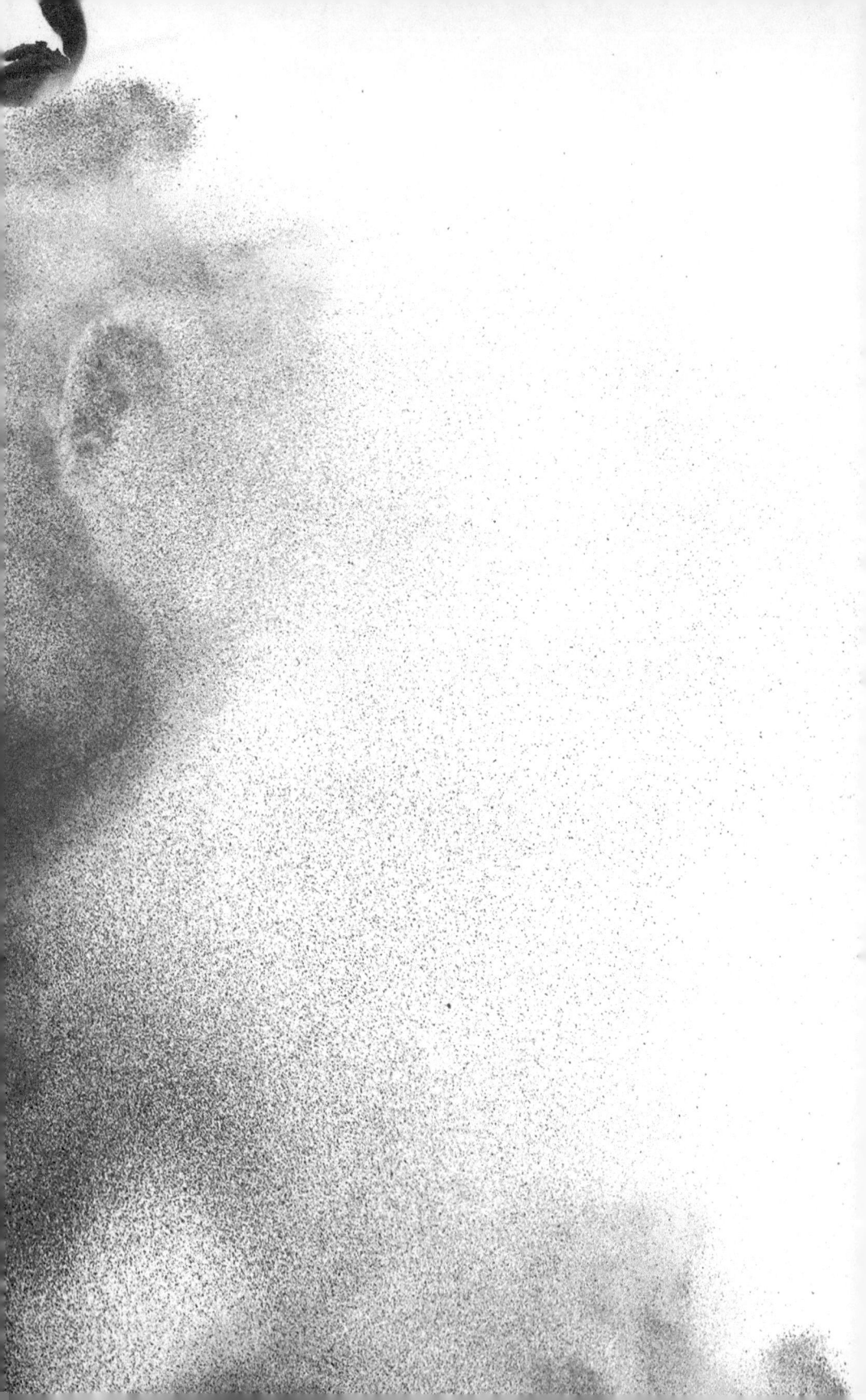

ORGASMO

Quisiera mantenerte más tiempo en mis sentidos.
Como un zumbido que aturde y eleva,
así llegas en estado de éxtasis.

No sé dónde me encuentro ni hacia dónde me llevas.
Instante indescriptible que pasa pronto.
Quiero retenerte, soy incapaz de hacerlo.
Mi cuerpo tiembla, mi mente delira.
Eres intenso y fugaz. Te vas rápido
y no puedo evitarlo.

Infinitas las veces que mi esencia tocaste,
desde que estaba en el vientre de mi madre.
Perdí la cuenta, es cierto; sin embargo, estás aquí,
en mi cuerpo latente,
recóndita energía que fluye siempre.

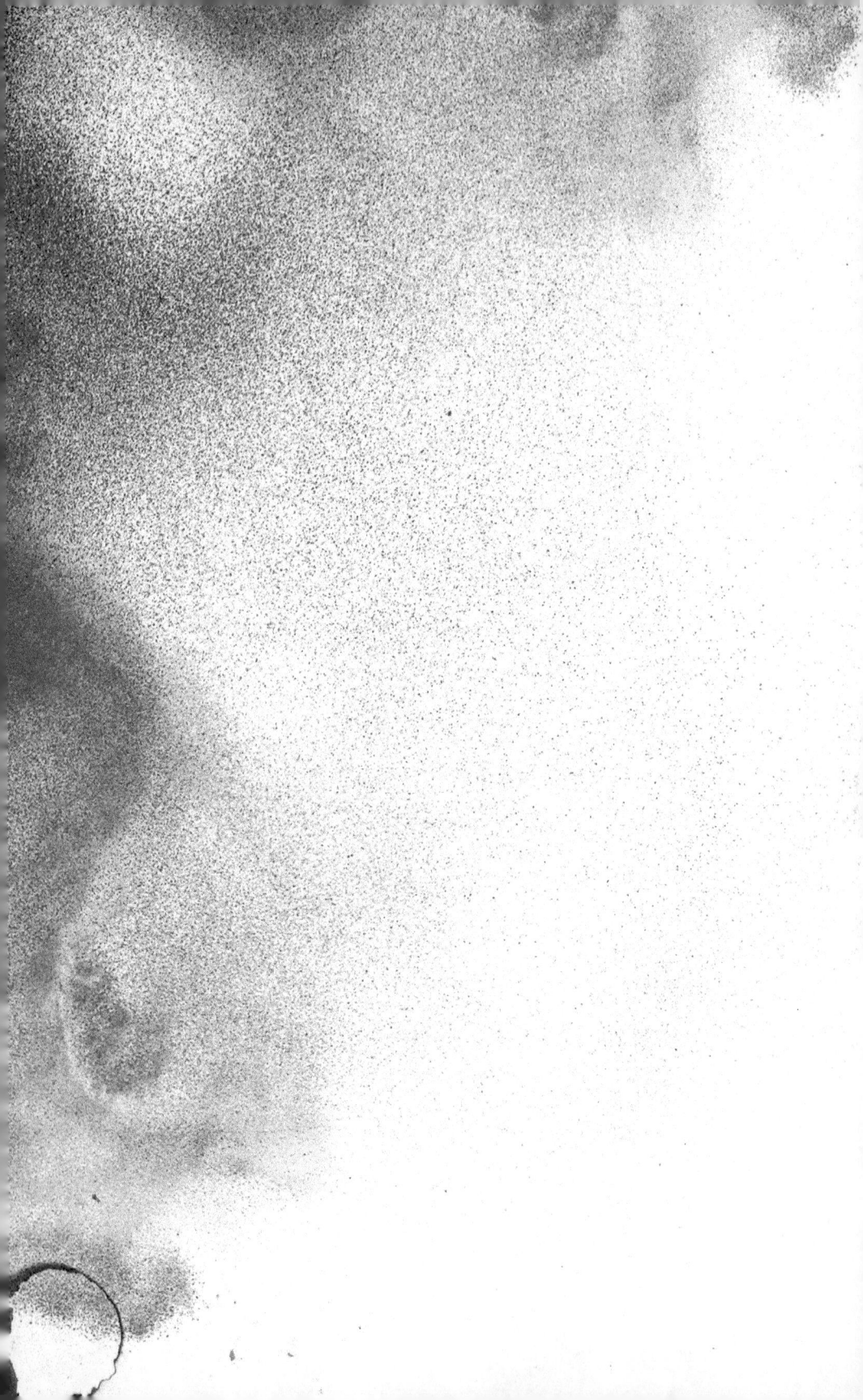

CULPA

Hoy estoy impregnada de ti.

Nuestro amor virtual y prohibido

ya no sabe si crecer o sepultarse en el olvido.

Hoy te deseo como nunca.

Amor

impregnado

de culpa.

DESDE LA VENTANA

Desde la ventana de mi vida,

una huella se posa en mi alma y mira.

Desde la ventana de mi vida veo lo que quiero:

es el amor que tanto espero.

Desde la ventana de mi vida veo la luz del sol,

qué fuertes sus rayos, me calientan el corazón.

Desde la ventana de mi vida espero la brisa pasajera

que me traerá tu amor.

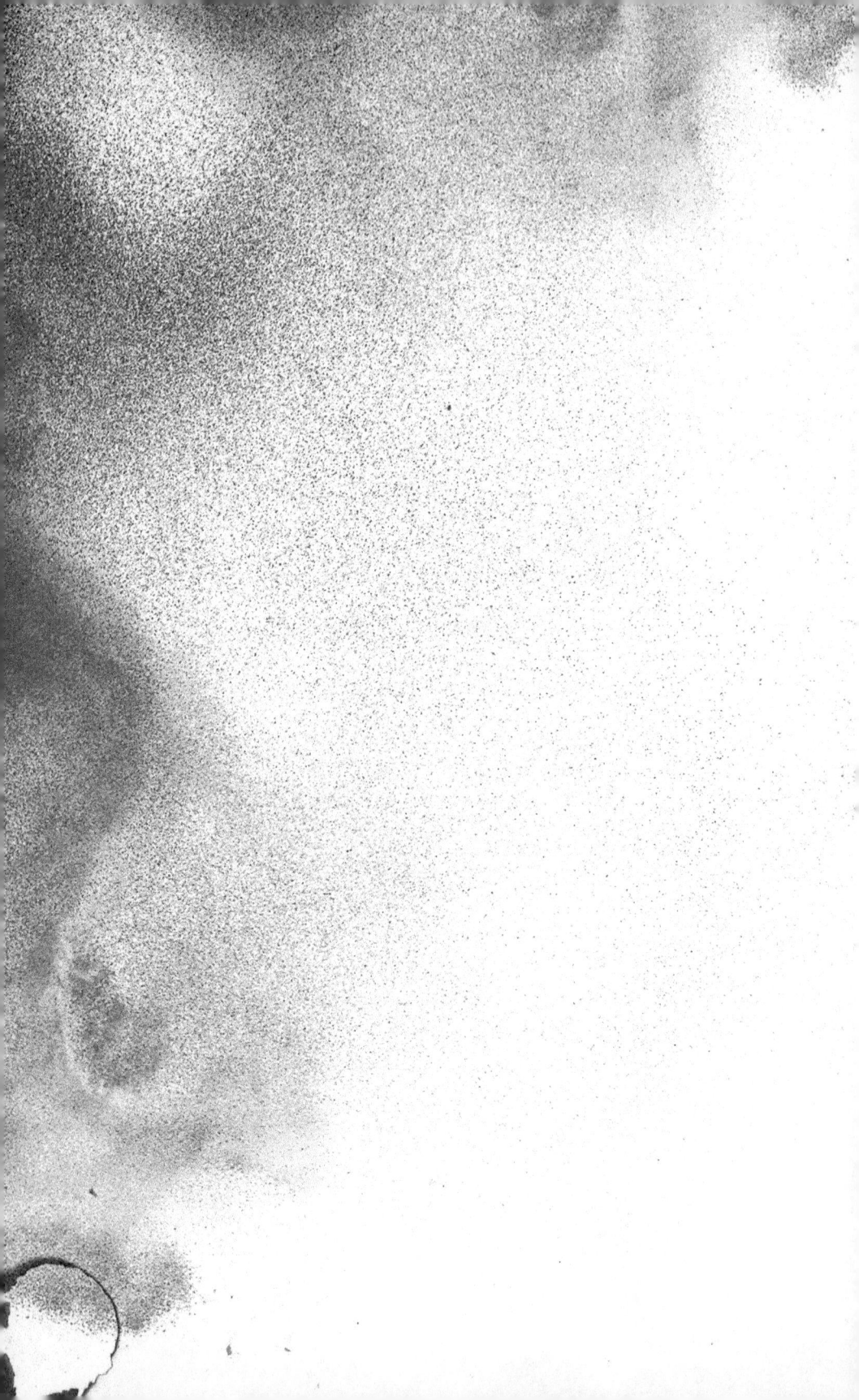

DESEOS VANOS

Cada frase que me dices,
la convierto en poesía.

Eres mi musa perenne.

Ayer dijiste «quiero verte».

No entendí el comentario,

te fuiste tan lejos,

que para mí

solo son deseos vanos.

DESPEDIDA DE SOLTERO

Como un volcán,

llegaste arrasando con tu energía apasionada,

y después de tanto fuego, tu alma y la mía

quedaron en nada.

Tarareando canciones de rock

con tu corazón palpitando,

y yo escuchando la tormentosa melodía,

te besé suavemente en los labios.

Era su despedida de soltero que yo le estaba regalando.

Tres horas, unos minutos y el enigma

de un *hasta cuándo*.

Te pienso desde ese día, la alegría de volver a verte.

Pienso en tu luna de miel y deseo tu felicidad

eternamente.

Cuando regreses de tu empalagoso viaje,

te daré un beso intenso

como aquel que te di

en tu despedida de soltero.

DESVELADA

Querido:

Estoy desvelada, abrazando mi almohada,

suspirando porque tú no estás.

Nunca creí que tu ausencia me llenara de **angustia**;

sola, desconsolada, no sé si llamarte

o esperar tu llamada.

Quizá mañana sea tarde, y de tanto esperarte,

mi alma **golpeada** tal vez termine sin aliento

y allá en la oscuridad se quede durmiendo.

Desvelada por ti, qué tristeza me embarga,

alucinando cosas extrañas;

quisiera disiparme en el aire,

y en partículas pequeñas llegar hasta ti para amarte.

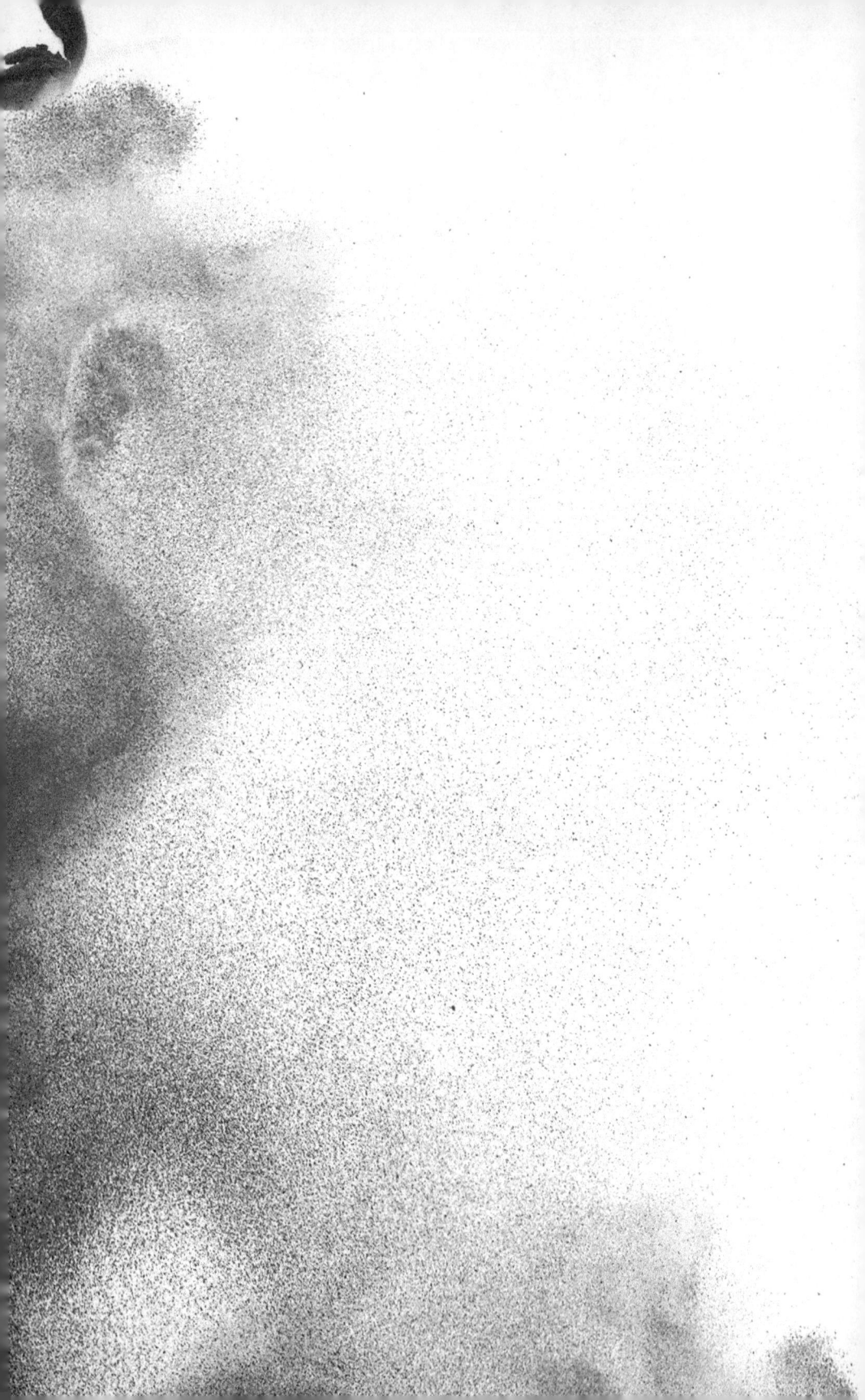

DETALLE

El piano de tu amor
toca las teclas de mi existencia
y tú estás presente en todo.

Quédate aquí en la sombra,
en mi destino;
comulga en el altar de mi experiencia,
confiesa que pecas por amarme.

Sola, siempre sola, he ahí el detalle.

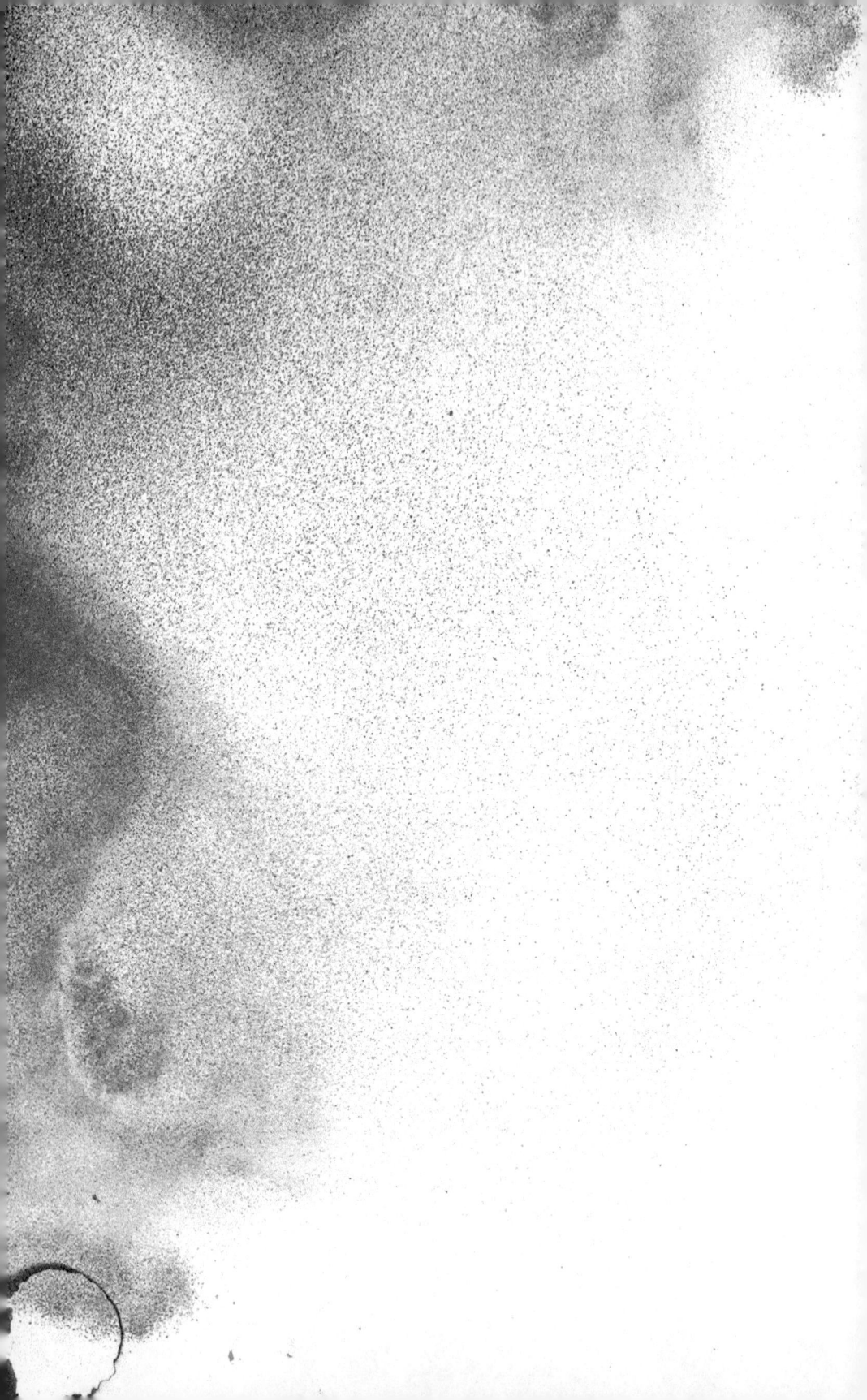

DISCULPA

Disculpa, pero tus palabras atraviesan
la atmósfera de mi ilusión, luego se desvanecen
para convertirse en polvo cósmico.

Y mi vida en constante alerta,
esperando el *sí* que hará el cambio;
ese cambio que necesito para no seguir esperando.

Esta última entrega, la de la desesperanza,
la que no dijo *sí*,
se minimiza ante tanta emoción desgastada,
así como si nada.

Vuelvo al mismo punto,
ese que necesita un *sí* incondicional;
ese *sí* de amar, de caer rendida
ante la vitalidad del desasosiego.

Disculpa por desear tu presencia,

esa que aparece intermitente.

Esa presencia que me niegas con tu ausencia,

disculpa la molestia.

Ayer te quise más que nunca, pero igual te tuve

entre mis brazos

y desapareciste como un rayo.

Disculpa amor, pero te sigo amando.

EL MADERO

Desde muy pequeña,

mi abuela puso una cruz en mi pecho

que significaba poder, amor, ir por la vida satisfecha.

Aprendí que Él llevaría mis cargas,

que el dolor sufrido en el martirio

tornaba mi vida llena de lirios,

que su sangre preciosa era el vino

que endulzaba mi alma.

Así he vivido a lo largo de mis años.

El día que lo acepté en mi corazón,

mi vida cambió.

Él es quien lleva mis penas y

se encarga del perdón.

Aprendí la lección:

quien esté libre de culpas

que lance la primera piedra.

Su dolor es la pasión.

EL PLAN

Soy parte de un plan divino,

no me queda la menor duda,

vine a este mundo sin proponérmelo;

he recorrido la línea de fuego con mi ego.

He lidiado frecuentemente con el súper Yo.

Quizás algo aprendí, una vida no es suficiente,

ni dos ni tres, ni muchas para comprender

lo profundo de mis dos hemisferios del cerebro.

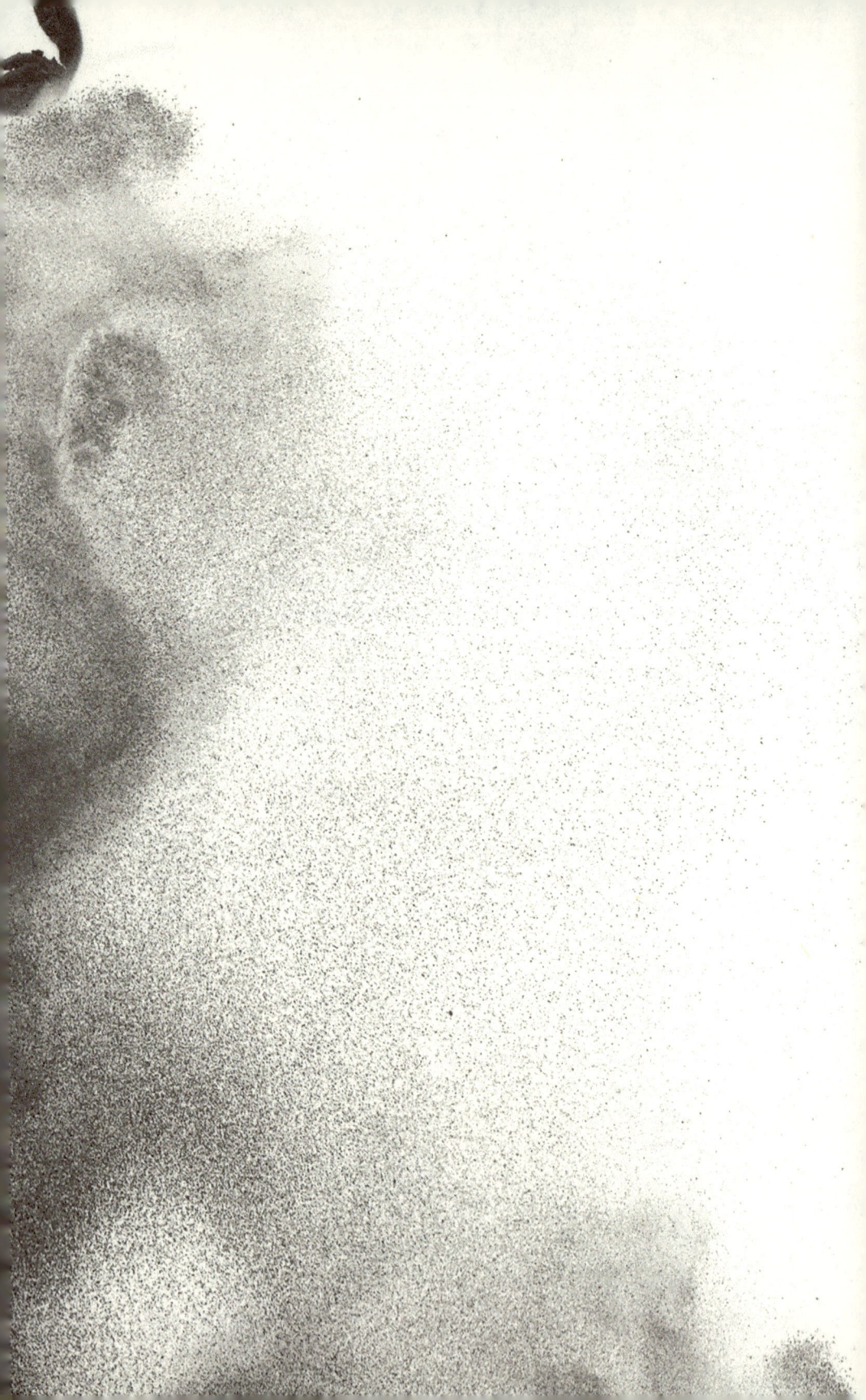

FIEBRE

Excitas mi cuerpo lleno de energía.

Alborotas la savia que hay en mi saliva.

Y llena de sudores, mi piel se eriza

con la suave caricia de la brisa.

Estoy temblando de fiebre, locamente delirando.

Mi vientre empapado desea tu cuerpo.

Y en un ardor desesperado,

busca la calma

en un soplido del viento.

Y en el fuego de mi sensibilidad,

mi boca busca tu aliento.

Y en mis pechos erectos,

tus manos tiernas.

Y en tu cuerpo completo, la dicha eterna.

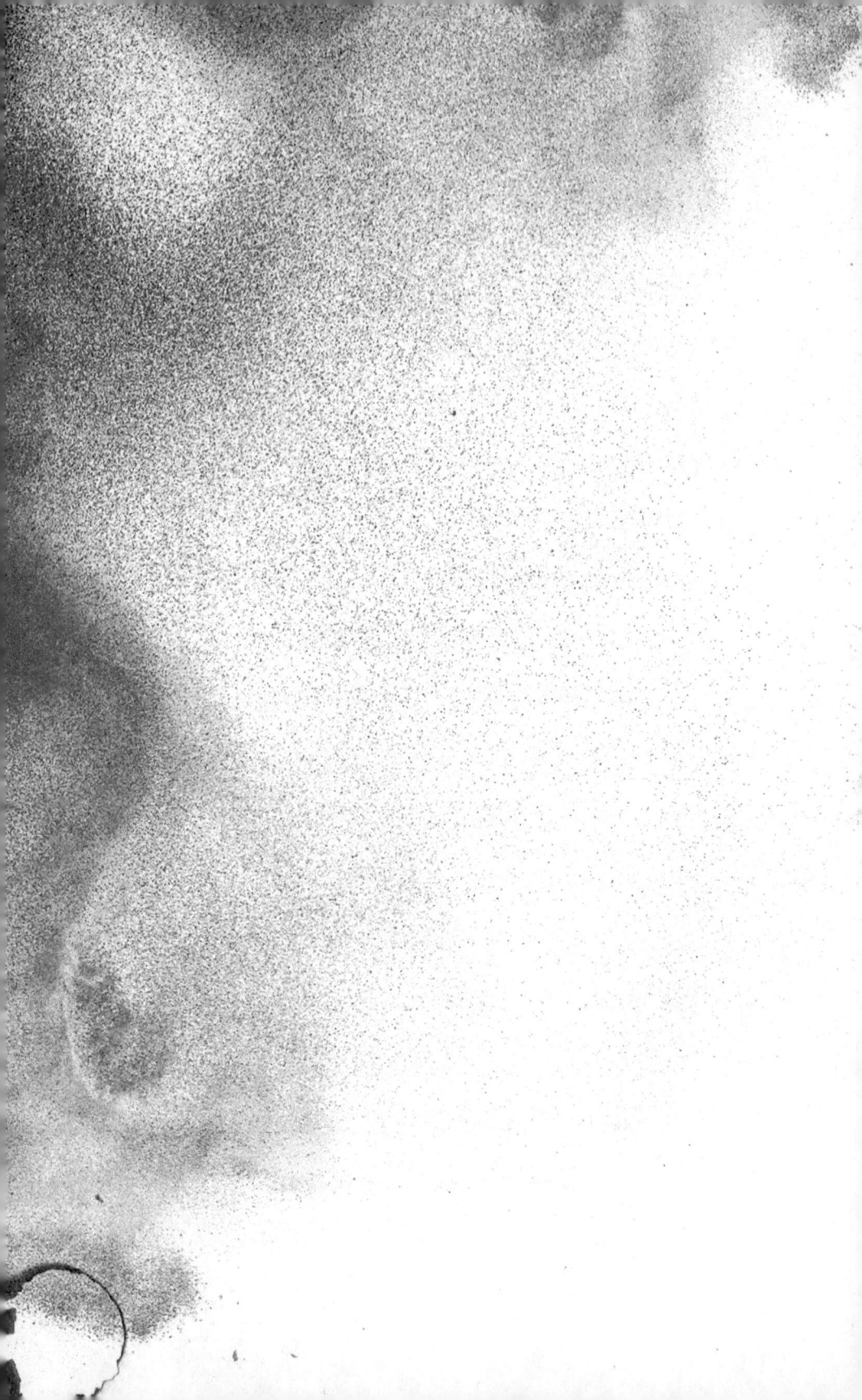

FIN

Cuántas veces te he dicho *fin*

y no te das por aludido.

Cuántos finales hemos tenido

como si no fuera contigo.

A veces son horas,

otras veces son días,

en ocasiones meses.

Igual seguimos siempre diciendo «hoy sí es el fin».

De nuevo nos entregamos

en un eterno *te quiero*.

Olvidamos que dijimos *fin*,

nos seguimos amando.

Basta de quererte tanto,

esta noche por fin terminamos.

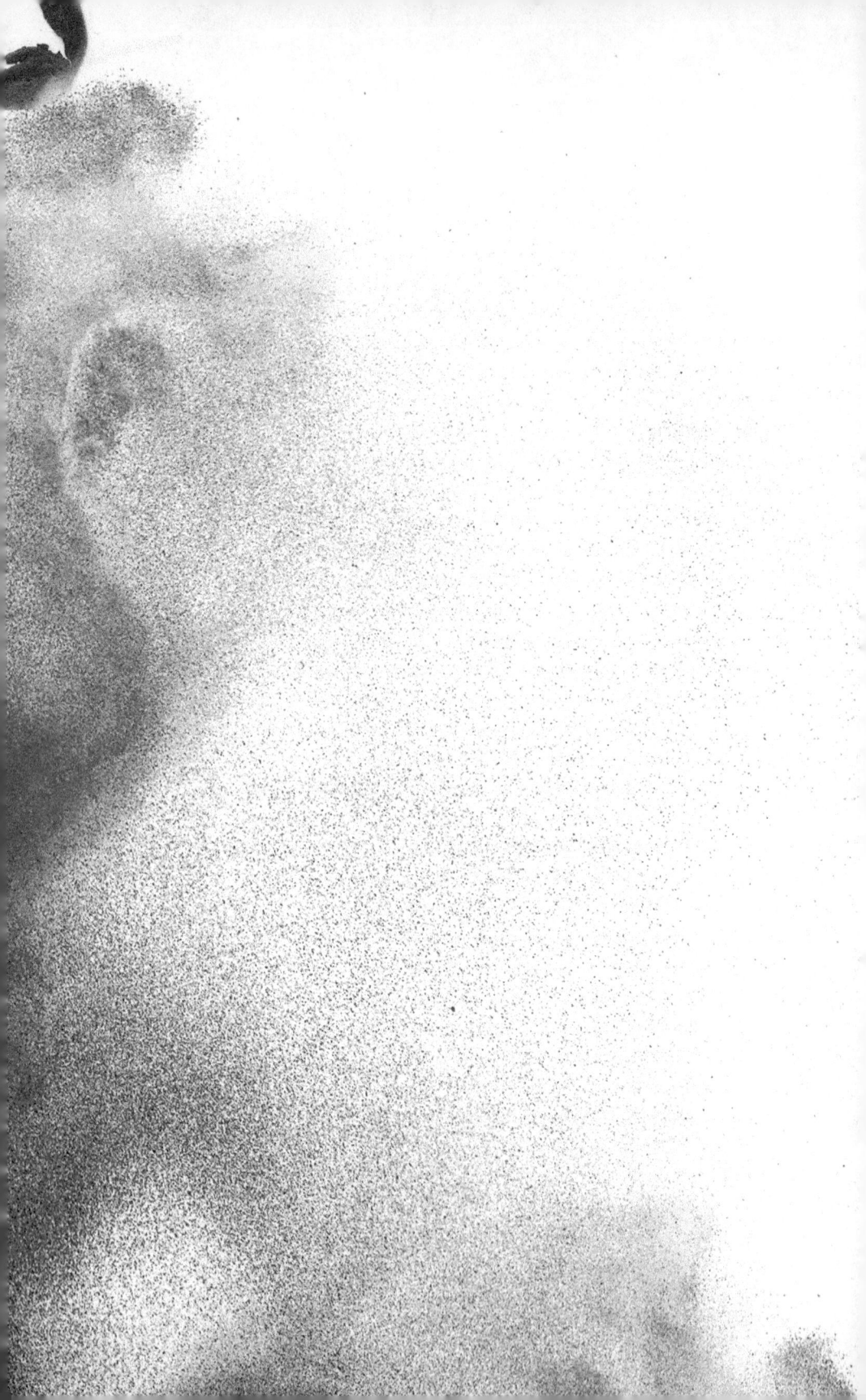

¡HEY, MUERTE!

¡Hey, muerte! Acechando constantemente.

Tú, segura de ti misma, porque temprano

o tarde, siempre vences.

Eliges a dedo tu **presa**,

y nosotros, los mortales,

no salimos del asombro ante tu presencia.

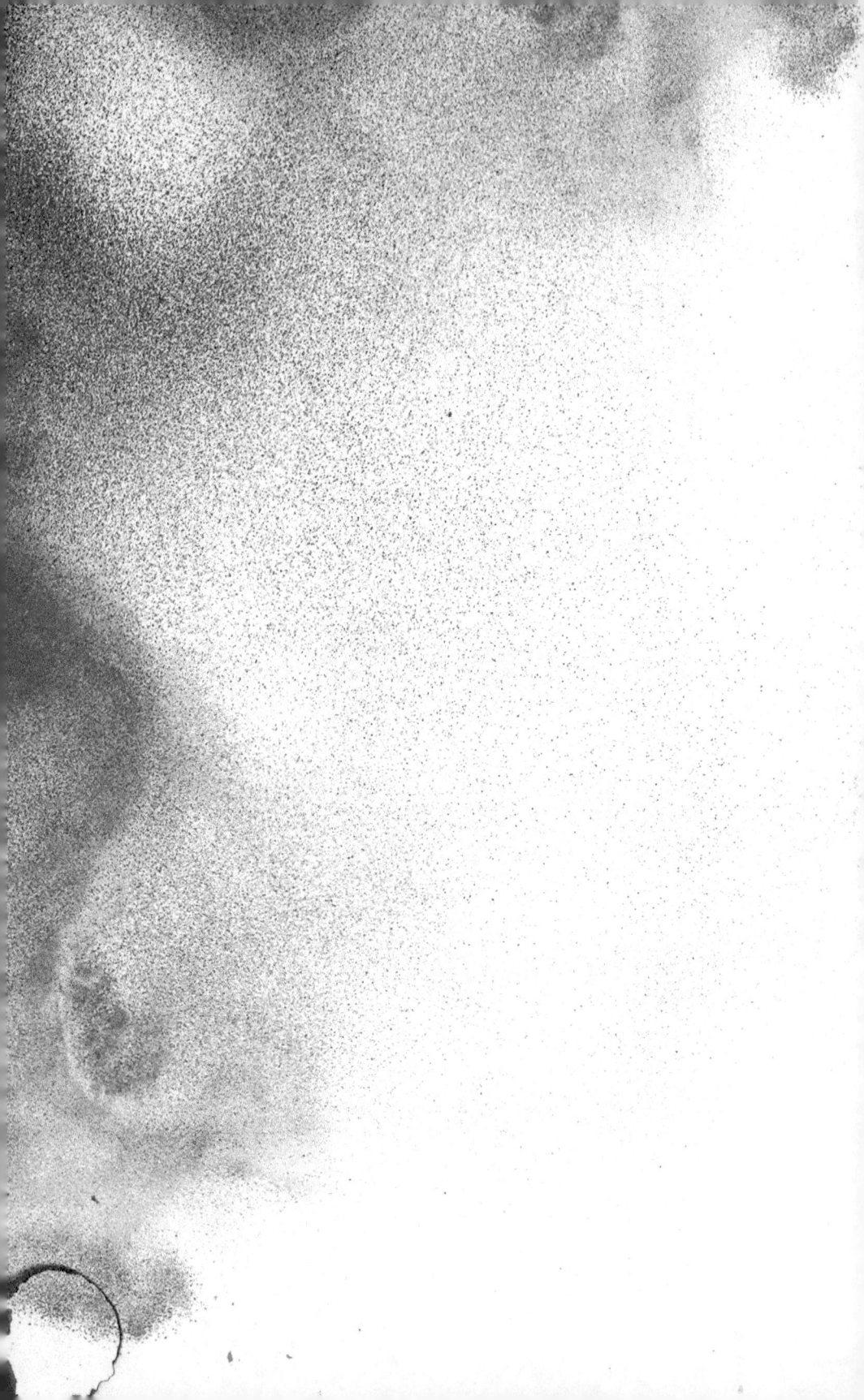

IMAGEN Y SEMEJANZA

Me hiciste a tu imagen y semejanza,

pero no encuentro la imagen,

mucho menos la semejanza.

Soy tan **imperfecta** y tan **absurda**

que me sumerjo en un abismo

queriendo ser como tú

y no tengo respuesta alguna.

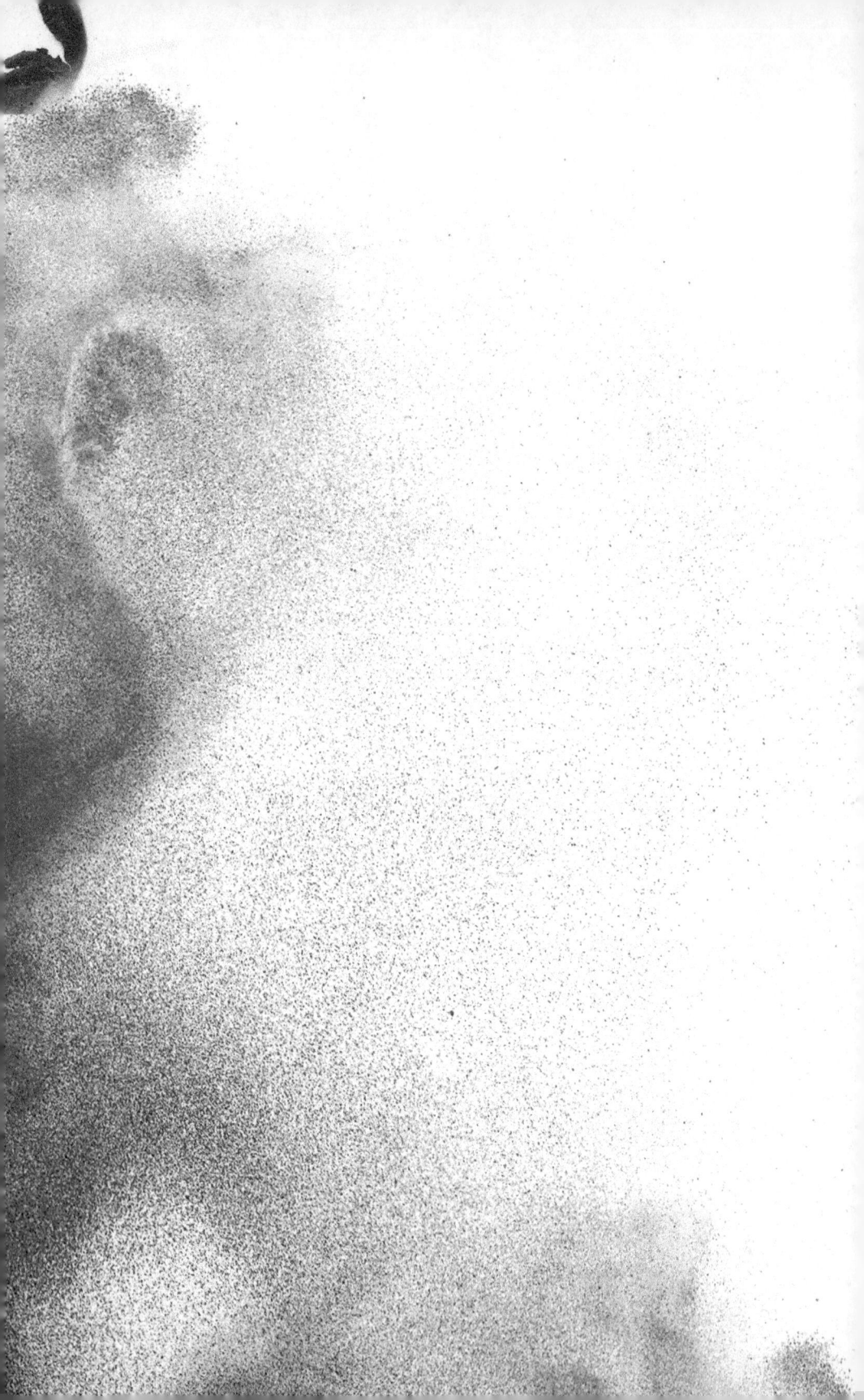

IMPERICIA

La impericia hace de las suyas
cuando mi proceder errado
se corrompe con mentiras.

Halos alrededor de tus caricias
que envenenan mi alegría
con el sudor excitante de tu herejía.

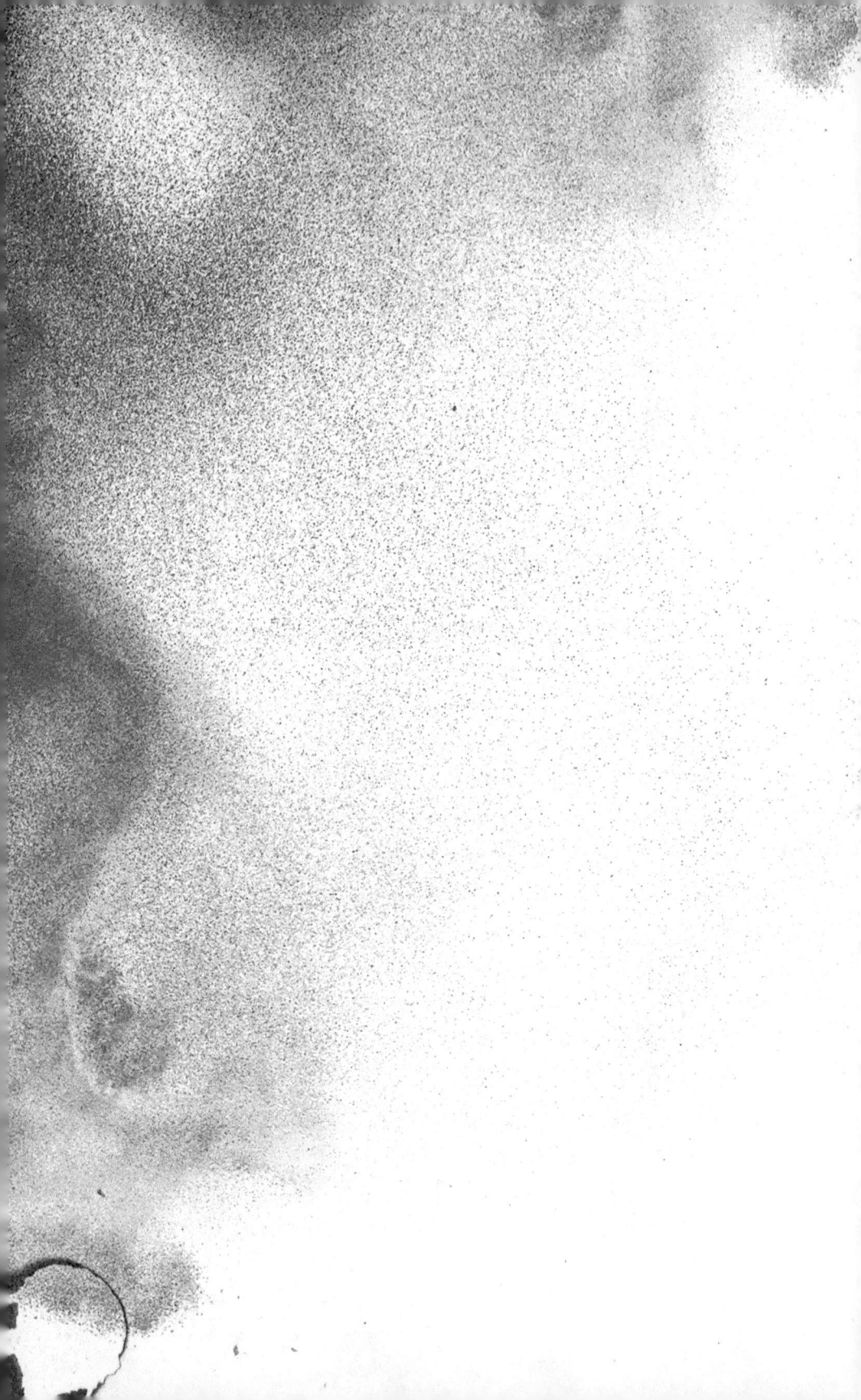

INCINERACIÓN

Sí, ahora recuerdo que no me invitaste a tu entierro
porque te fuiste en secreto; no supe de tu partida
y tu cuerpo incineraron, sin adiós, sin despedida.

Tus partículas volaron, esparciéndose en el aire;
como luces de bengala encendieron tu cuerpo
y no lo supo nadie.

Todo se redujo a **cenizas**.

No hubo tumba,

no hubo flores,

no hubo lágrimas,

ni risas.

Me imagino ese calor penetrando por tus huesos,
calcinando tu **energía** todavía concentrada.
No me invitaste a tu entierro, no me dijiste nada.

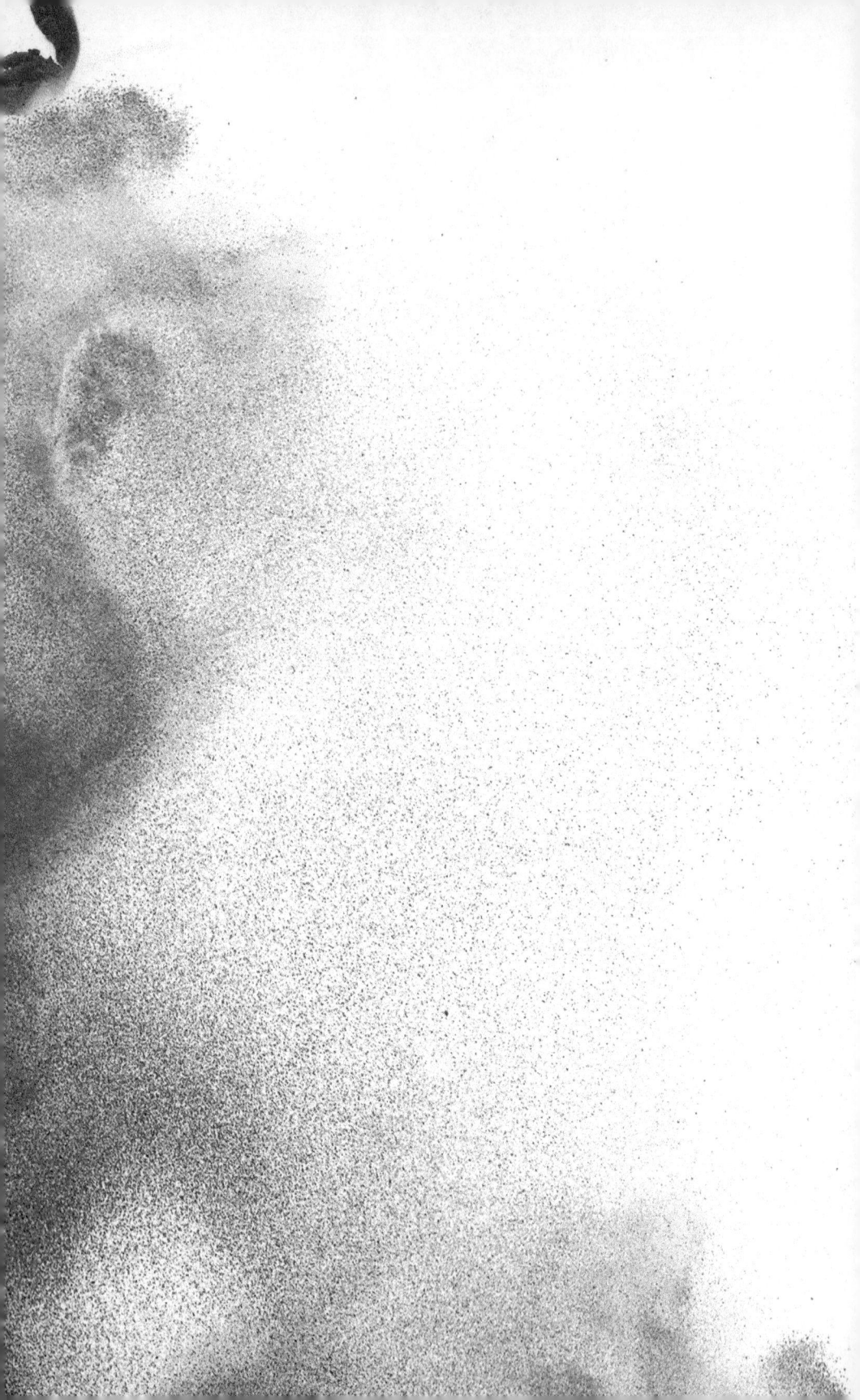

INCONFORMIDAD

Dar gracias, es verdad, hay que agradecer.

También agradezco la inconformidad que tengo.

Alabanzas diarias doy a la vida,

analizando todo lo que hago

y concluyo confirmando mi inconformidad.

Anhelar sin descansar hasta volcar los sentimientos.

La inconformidad que siento a veces me desvela;

estallidos en mi pensar infinito.

Hasta en sueños me rebelo,

transitando en el espacio, por los agujeros.

Inconformidad perenne, querer y querer siempre,

disipando pensamientos, entrelazados, absurdos.

Esperando el prodigioso, misterioso que,

desde las alturas,

cure la inconformidad que tengo.

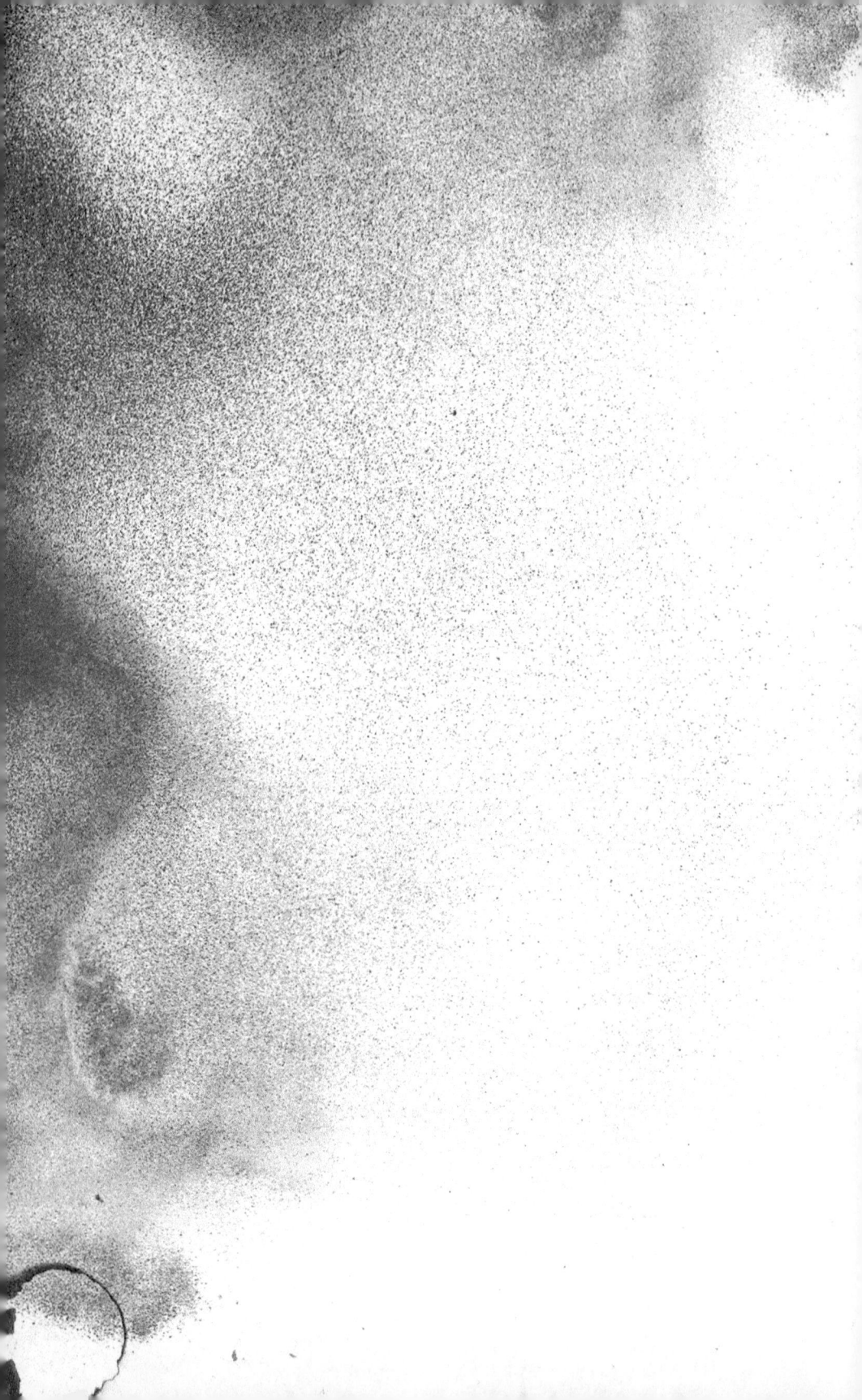

LAPIDADA

Si yo contara mis absurdos secretos

y los delatara tal cual fueron revelados,

me meterían presa en la cárcel de los humanos.

Si yo contara lo que a la humanidad desagrada,

quizás hubiese muerto **lapidada**.

Dios mío, si yo contara...

LO QUE LOS DEMÁS DIGAN

¿Acaso en el ocaso de la vida importa lo que los demás digan?

Ya no hay para qué disimular ni seguir ocultando los **delirios**; que se rían si eso los hace felices,

yo río más porque vivo.

Mis sueños, por demás alocados,

miran de reojo al extraño.

Si me tildan de absurda o me llaman desfachatada,

sigo vibrando en mi mundo, riéndome a **carcajadas**.

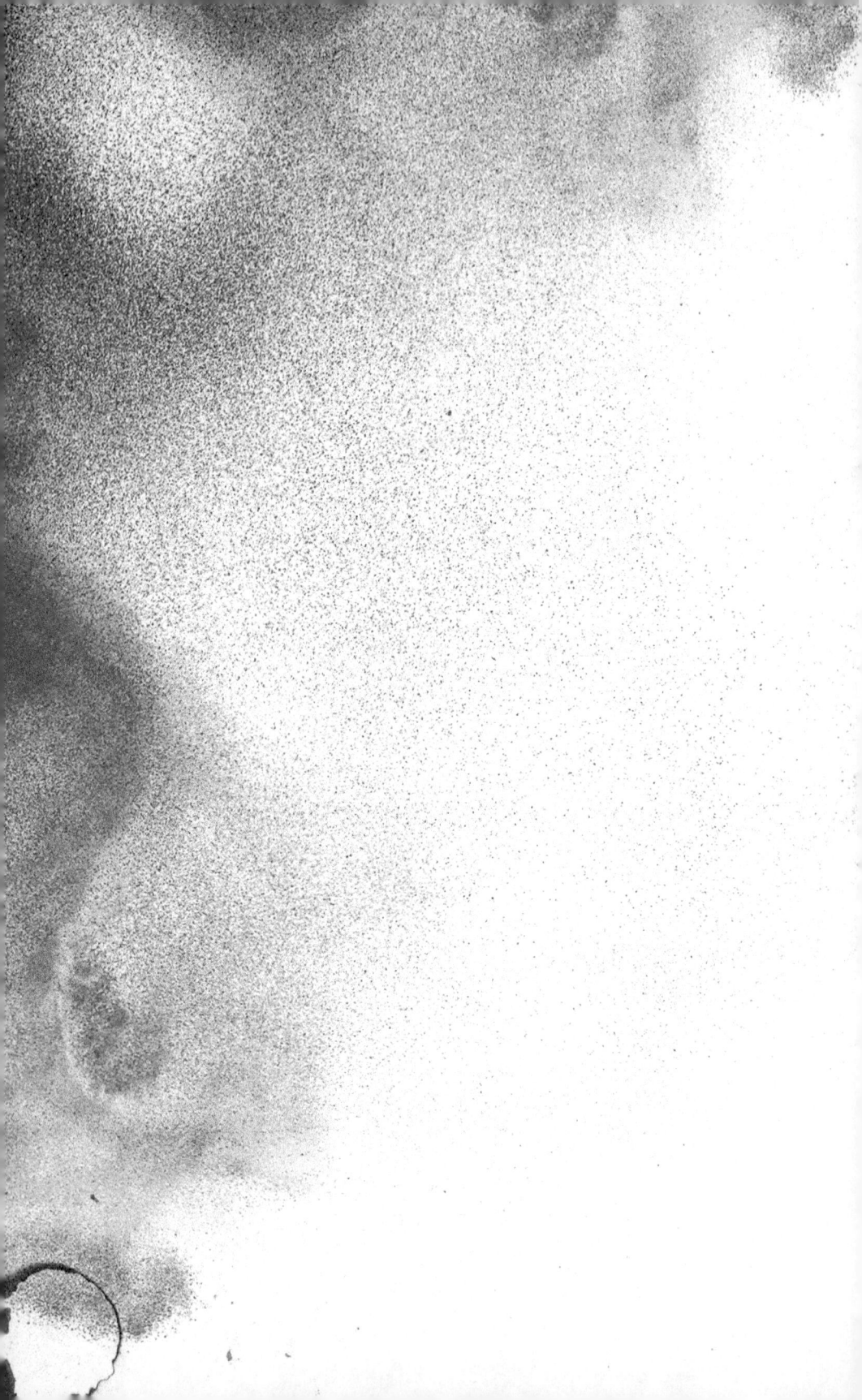

NO CREAS QUE ESCRIBO PARA TI

No te recuerdo, es solo que llegas a mi memoria sin proponerlo.

Fue fugaz, lo comprendo, no creas que es por ti que estoy escribiendo.

Mi **saliva** se moja cuando intento recordar tus besos, pero no es por ti, lo siento.

¿Qué estarás haciendo en tu rutina interminable que detesto?
No creas que es por ti que estoy escribiendo.

Esas manos rudas que me tocaban me llenaban de **placer** cruento. No te recuerdo, ya ni te nombro.

Eres un recuerdo hundido entre mis miembros; cuando me preguntan por ti, rebobino mi cerebro.

Hoy, al despertar, pensé que había soñado contigo,

pero qué va, si ni en sueños recuerdo lo que vivimos.

No creas que sueño contigo, con los placeres

que una vez sentimos...

No creas que para ti escribo.

POR FIN LLEGASTE

Por fin llegaste, te di un beso, mi cuerpo temblaba sudando frío.

No supe qué decir, mi corazón se quedó dormido. Te sentaste frente a mí, hablamos de tantas cosas, poco a poco rompimos el hielo.

Mi corazón se fue despertando, se aceleró y te dije «te quiero». No contestaste nada, solo tu mirada reflejó un poco de miedo.

Yo te dije: «no te pongas nervioso, sé controlar mis deseos».

De nuevo, llegamos al mismo punto: tu estado civil, una familia hermosa.

«¿Por qué hacer daño?, ¿por qué estamos en este sitio solo? Mejor me voy».

Es preferible evitar, pues nuestros cuerpos están **ardiendo**, sin poderlo remediar.

Al decir que te ibas, salté de la silla, te abracé fuertemente y te detuve con mis **caricias**.

Tu cuerpo, en alto grado excitado, se desplomó sobre mí y lo sentí inmóvil por un rato.

No nos besamos.

«Sé que no puede ser»,

te dije temblando

y tú me apartaste tiernamente.

Te fuiste, y me quedé llorando.

VEN

Ven, no andes con tantos rodeos,

conmigo no funcionan las cosas complicadas.

Ven, no me pongas a prueba, estamos perdiendo el

tesoro del tiempo.

Ven, no te preocupes por traerme regalos,

tu saliva vale más que una joya esmaltada.

Ven, no te empeñes en hacerme feliz, lo soy contigo,

sin ti y envuelta en la nada.

Ven, sé que te sientes cansado,

ven que te quiero a mi lado.

Ven para consentirte, para escuchar

todas tus historias malvadas.

Ven a **saborear** los manjares que con mis manos

te he preparado, no traigas vino, la botella de

champagne está helada.

La cama vestida de fiesta, las flores por toda la casa

regadas y la luna mirando asombrada.

Ven, alma mía, no hagas nada,

deja que tome la iniciativa.

Solo quiero que seas mío por hoy,

yo no te pido más nada.

VIL DETALLE

La foto que me enviaste
no ocultó el vil detalle.

Sus carteras y perfumes
resaltaron la estampa.

Mi vista no se centró en lo
esencial y
mi alma
destrozaste.

ESTE POEMARIO ENTRE CENIZAS
SE TERMINÓ DE CREAR Y DISEÑAR
EN FEBRERO DE 2023.

www.ingramcontent.com/pod-product-compliance
Lightning Source LLC
Chambersburg PA
CBHW051659040426
42446CB00009B/1215